중국 당대 **12시인 대표 시선**

이 책은 교육부 및 한국연구재단의 대학인문역량강화사업(CORE) 지원에 의해 HUFS 인문학총서로 출판된 것임

中國 當代 12詩人 代表詩選

중국 당대 12시인 대표시선

박재우(朴宰雨)·배도임(裴桃任) 편역·주해(編譯 注解)

HUEBOOKs

이 책을 펴내며

이 책《중국당대시인 12인 대표시선》을 기획하고 번역한지 여러 해가 되어 이제 햇빛을 보게 되니 감회가 새롭다. 처음에는 8인 대표 시선으로 기획을 시작했다가 중국 대륙뿐 아니라 홍콩, 대만, 해외 중화문학권의 시인들까지 널리 교류하면서 시야가 넓어져 다시 10인 시선으로 기획을 수정하였다가, 결국 코어 기초학문심화모델 인문학 총서 번역서에 포함되면서 12인 대표시선집으로 확대하게 되었다.

이 책을 기획한 목적은 오늘날의 중국대륙과 대만, 홍콩, 해외 화인들을 대표할만한 시인들과 시들을 선별, 번역하여 한국 독자들에게 중화권의 시의 기맥과 운치를 전달하여 보다 폭넓은 문학적 교감을 이루어보자는 취지에서이다. 아울러 중국어를 아는 중문학도에게 중국인들의 정신과 예지를 담으면서 중국어의 높은 표현력을 보여주고 있는 명시 명구들을 원어로 접하고 이해하며 암송하도록 하여 중국어와 중국문학에 대한 이해와 활용의 수준을 높여 보자는 것도 하나의 취지라고 하겠다.

이 책을 편역·주해함에 있어 박재우교수가 기획하고 시를 선별하였으며, 배도임박사가 주석을 달았고 번역·해설은 일부 각자 한 부분도 있지만 결국 서로 다시 음미하고 수정하면서 시종 공동 책임을 지는 정신으로 번역·주해에 임하였음을 밝히고자 한다.

중국은 예로부터 시의 나라였고 지금도 시의 나라이다.

공자는 일찍이 《논어》에서 "《시경》을 배우지 않으면 말을 제대로 할 수 없다(不学诗, 无以言)"고 하였다. 당시 《시경》으로 대표되는 시는 언어의 엑기스이기 때문에 시를 제대로 배우지 않으면 자신의 의사를 시에 빗대어 생동감 있고 수준 있게 표현하기 어렵다는 의미일 것이다. 선진시대에는 다른 나라 경 대부들 간의 단남에서 반드시 시로 뜻을 비유하여 상대가 현명한지 아닌지를 별하고 상대국의 성쇠를 살폈다고 한다. 《시경》에 대한 정통한 이해와 암송은 외교를 하기 위한 필수적인 조건이었던 셈이다. 《시경》 이후에도 굴원, 도연명, 이백, 두보, 소동파 등의 위대한 시인들이 출현하여 그를 계승 발전시켜 중국어를 언어예술의 수준을 높이 끌어 올렸다.

중국에서 제대로 교육 받은 사람들 중 이들 전통 서정 시인들의 시 몇 수 암송하지 못하는 사람은 거의 없다. 그것이 그들의 언어 수준을 높여주는 힘이고 자신의 문화수준을 보여주는 척도라고 믿기 때문일 것이다. 그리하여 시는 지식인과 민중들의 혈액 속에 침잠되고 정신 속에 녹아들어 중국문화의 정화를 이루고 있는 것이다. 이러한 고전시들은 현재의 중국 지도자들도 아주 선호하고 있는데, 마오쩌둥, 장쩌민, 후진타오, 원자바오, 시진핑 등이 이러한 시들을 정치연설이나 한시외교에 잘 활용하고 있음은 주지하는 바이다.

그러나 고전시는 현대의 5.4운동시기의 신문화 운동을 거치며, 한동안 시대의 주류에서 멀어지는 듯 했다. 그에 대치하여 등장한 것이 신시이다. 신시는 1917년 후스(胡适)에 의해 탄생을 고한 이후 100년 동안 참신한 표현력, 새로운 예술성을 끊임없이 추구하면서 오늘에 이르고 있다. 궈머뤄(郭沫若)의 《여신》으로부터 루쉰의 산문시 『들풀(野

草)』를 거치고, 쉬즈모(徐志摩)와 다이왕수(戴望舒), 그리고 항일전쟁 기간의 아이칭(艾青), 무단(穆旦)을 거치며 한 단계 한 단계 업그레이드해 왔다. 그러나 새로운 중국의 변곡적인 정치역정 속에서 진정한 시의 길은 쉽지 않았다.

건국 후 시단에 정치서정시와 생활목가로만 가득하던 시기를 넘어, 진정한 시가 완전히 자취를 감추던 문화대혁명 시절이 되었다. 이 시기 하방의 경험을 체험하며 진정한 민간적인 시정신을 추구해 오던 시인 베이다오(北岛) 등은 처음으로 민간 시잡지인 《오늘(今天)》을 창간하며 암흑과 혼란으로 가득했던 문혁 시대의 허구에 대해 도전한다. 그는 "너에게 고하노니 세계여, 나는— 너를— 믿지— 않아!"라고 외치듯 노래하였고, 당시의 윤리적 혼돈에 대해 "비겁은 비겁한 사람의 통행증, 고상은 고상한 사람의 묘비명"이라고 갈파하였다. 이 말들은 오늘날 중국의 문화대혁명을 이해하기 위한 핵심 키워드처럼 되었다.

개혁개방이 되고 한중 수교가 되던 1990년대 초, 중국 대학의 대학원 중문과에 유학했던 한 교수는 당시 수업 시간에 담당 교수가 베이다오의 「대답」이라는 시 이야기를 꺼내자마자 수업을 듣던 모든 학우들이 다 같이 이 시를 외우던 정경을 감동적으로 증언한 바 있다. 그 시대는 잠깐이었지만 시인이 영웅이었던 시대라고 했다.

같은 시기 중국의 시인 꾸청(顾城)은 다음과 같이 읊었다. "어두운 밤은 나에게 검은 눈을 주었지만, 나는 그 눈으로 광명을 찾는다." 예지가 돋보이는 시이다.

오늘날의 중국 신시를 높이 평가하는 한학자 중에 독일 시인이기도 한 요한 볼프강 쿠빈(Wolfgang Kubin, 1945- , 전 독일 본 대학 교수, 현 베이징외대 교수)이 있다. 한국 외대에 와서 특강한 바도 있다. 그는 현재의 소설 등 중국문학의 다른 장르는 볼만한 게 없고 '시'만이 그런

대로 우수한 작품들을 내놓고 있다고 하면서 주로 중국 현대시의 독일어 번역에 심혈을 기울이고 있다. 그는 노벨문학상을 수상한 소설가 가오싱젠(高行健)이나 모옌(莫言)에 대해서도 가차없이 비판의 필봉을 휘두르고 있다.

그렇다면 저항과 도전 정신으로 개혁개방 이후 새로운 시를 개척하기 위한 장정에 참여하여 시의 새로운 길을 모색하고 실험적인 창작을 계속하며 시단을 이끌어 오고 있는 시인들로는 누가 있을까?

문화대혁명이 막을 내리기 이전인 1970년대 초반부터 정치 지상주의와 이데올로기 만능주의를 부정하면서 새로운 코더니즘적 시를 모색해온 젊은 시인들이 있었다. 수도 베이징 남쪽의 바이양뎬(白洋淀)이라는 호수 주변으로 하방을 가 그 지역을 중심으로 '바이양뎬 시파'를 형성한 스즈(食指), 망커(芒克), 둬둬(多多), 건쯔(根子) 등이 그들이다. 그들은 비공식적인 창작을 해오다가 1978년이 위에서 언급한 베이다오를 중심으로 《오늘》이라는 시 전문잡지를 발간하면서 공개적으로 활동하기 시작하였다. 그들의 시는 그때까지 명증한 언어로 정치적·사상적 입장을 분명히 표현함으로써 주류를 이루었던 시들과는 확실히 너무도 달랐다. 이들이 뜻을 명확히 알 수 없는 어휘로 자신들의 시적 도전과 저항정신을 표현하자 평론계 일각에서 애매모호하다는 뜻에서 '몽롱시'라는 부정적인 용어를 써서 이들을 폄하하였는데, 그것이 나중에 이들 시 유파의 이름으로 굳어지게 되었다. 물론 베이다오는 이에 반대하면서 자신들을 '오늘시파(今天诗派)'로 불러줄 것을 요구한다.

이 몽롱시파, 혹은 오늘시파에 속하는 시인들로는 베이다오, 구청, 수팅(舒婷), 장허(江河), 양롄(杨炼), 망커, 둬둬, 량샤오빈(梁小斌) 등이 있다. 이들과 옌리(严力) 등은 모두 문화대혁명이 막을 내린 새로운 시대의 시적 공간에서 변혁을 모색한 주력이다.

1980년대에는 개혁개방의 시대에 걸맞게 시장 자유주의 경제체제 아래 각 지역, 각자의 입지에서 새로운 시로써 도전하고 시험하고 개척해 가는 시인들이 속속 등장하였다. 왕자신(王家新), 위젠(于堅), 자이융밍(翟永明), 왕샤오니(王小妮), 어우양장허(欧阳江河), 한둥(韩东), 천둥둥(陈东东), 시촨(西川), 하이쯔(海子) 등이 그들이다. 구청과 하이쯔는 자살하여 더 이상 시 창작이 없고, 수팅 등 1970년대에 등단한 시인들은 시 창작이 현저히 줄어들거나 대신 수필 쓰기를 즐기지만, 위에 거론한 시인들, 특히 1980년대 이후 등단한 시인들은 대부분 중국 시단의 오늘을 떠받치고 있는 중견들이다.

그렇다면 중국의 10대 걸출 시인을 들라면 누구를 거론할 수 있을까?

우선 언급하지 않을 수 없는 것은 중국대륙 시인들에 대한 중국 평론계나 독자들의 평가가 자신들의 관점과 선호도에 따라 천차만별이라는 점이다. 2008년에 하오샤오훙(郝晓宏)은 중국 당대(1949년-현재) 10대 시인으로 타이완 출신인 뤄푸(洛夫)와 위광중(余光中) 두 시인을 포함시키면서 대륙 시인으로 창야오(昌耀, 1936-2000), 베이다오, 수팅, 왕샤오니, 바이화(柏桦, 1956-), 양썬쥔(杨森君, 1962-), 하이쯔, 다웨이(大卫, 1968-) 등 8인의 시인을 거론하였다. 2012년에 하이샤오(海啸)는 1940년대에 활발하게 창작활동을 하였으나 상당 기간 동안의 공백기를 지난 뒤인 1980년대에 다시 활발한 창작 활동을 한 뉴한(牛汉, 1923-2013)을 최고의 시인으로 평가하고, 해외 시인으로는 뤄푸를 포함시킨 뒤, 베이다오, 둬둬, 양롄, 스즈, 왕자신 외에 이사(伊沙, 1966-), 안치(安琪, 1969-), 셰창안(谢长安, 1982-)을 포함시켜 10대 시인으로 거론하였다.

이는 개인적인 문학관이나 선호도가 작용한 사례라면, 2010년에 장쑤성(江钟省) 작가협회에서 발행하는 난징의 문예잡지 《증산(钟山)》에서 10대 시인을 선정했던 일은 어느 정도 객관성을 확보하고 있다고 할 수 있을 것이다. 그 잡지사에서는 1979년에서 2009년까지 시작 활동을 한 시인들을 대상으로, 현재 중국에서 가장 영향력이 큰 대표적인 평론가 12인을 초청하여 10대 시인을 선출하는 투표를 하였는데, 여기에는 1위를 한 베이다오를 포함하여 시촨, 위젠, 자이융밍, 창야오, 하이쯔, 어우양장허, 양롄, 왕샤오니, 뒤뒤가 10대 시인으로 선정되었다.

위의 평론가들이 개별적 혹은 공통적으로 언급한 창야오와 하이쯔는 이미 고인이 되었다. 그리하여 편역자들에게 대륙에서 활동하는 현존 10인의 걸출 시인을 꼽으라면, 여기에 수팅과 왕자신을 더하여 10대 시인으로 꼽는데 주저하지 않을 것이다. 수팅은 21세기에 들어와서 시를 거의 쓰지 않는다고 하지만 당시 시단에서 베이다오에 버금 가는 빼놓을 수 없는 위상과 영향을 갖고 있는 점을 간과할 수 없을 것이다.

21세기에 들어오면서 세계문학에서의 중국문학의 위상이 높아지고 있고, 또 가오싱젠과 모옌 같은 노벨문학상 수상자도 배출하였다. 또한 세계 각지에서 중국어로 창작하는 작가 및 시인들이 늘어나면서 세계 평론계에서도 비단 '중국' 작가나 시인에 한정하지 않고 '화문문학(华文文学)'이란 명칭과 내용이 폭넓게 공감대를 형성했다. 이러한 추세에 따라 타이완, 홍콩만이 아니라 말레이시아는 물론 미국, 캐나다, 독일, 네덜란드, 일본 같은 다른 나라에 살면서 '중국어'로 창작을 하는 작가와 시인들이 독자들의 관심도 끌고 있다. 따라서 '중국 당대 12인 대표 시선'을 엮으면서 해외에 있는 '중국어' 시인의 시를 전부 소개하지는 못해도 우선 손꼽을 수 있는 시인의 시를 번역 소개하여 독자의 이해와 감상을 돕자는 뜻에서 네 시인의 시를 포함했다.(그 가운데 량빙쥔, 뤄푸 같은 시인은 한국과의 인연이 깊다.)

이처럼 우리는 오늘날 대륙 이외에도 "화문문학"이라는 이름 하에 타이완, 홍콩을 비롯한 세계 각지에 중화권 시단이 있고 걸출한 화문 시인이 있다는 사실을 간과해서는 안 될 것이다. 우리는 타이완, 홍콩과 마카오, 말레이시아, 카나다 등 해외 각지에서 중국어로 창작 활동을 하는 시인들도 중화권 독자들의 관심을 끌고 있음에 주목해야 하는 것이다. 타이완의 위광중(余光中, 1928-2017), 상친(商禽, 1930-2010), 천리(陈黎, 1954-), 샤위(夏宇, 1956-), 홍콩의 량빙쥔(본명, 시 창작 이외의 필명은 也斯, 1948-2013), 시시(西西, 1938-), 타이완 출신으로 카나다에 이민 가서 활동하고 있는 야셴(痖弦, 1932-), 캐나다에서 활동하다가 다시 타이완으로 귀국한 뤄푸(洛夫, 1928-) 등이 거기에 속한다. 그 중에서도 위광중과 뤄푸, 량빙쥔(예쓰) 등은 세계적인 명성이 있고, 천리도 지명도가 나날이 높아가는 타이완 시단의 빼놓을 수 없는 중진이다.

편역자중 배도임박사는 일찍부터 중국의 당대 시에 대해 관심을 갖고 베이다오의 시집 《한밤의 가수(午夜歌手)》(문학과 지성사)를 번역해 낸 바 있다. 박재우교수는 2003년 량빙쥔을 홍콩의 현대중문문학학회 모임에서 알게 되고, 2005년 베이다오를 한국의 서울국제문학포럼에 초청하면서 알게 된 이래, 여러 기회에 왕자신, 자이융밍, 위광중, 뤄푸, 수팅, 둬둬, 어우양장허, 시촨, 위젠 시인들을 알게 되었다. 그리하여 그들을 한국에서 개최하는 중화명작가초청 국제문학포럼, 한중시가낭송회, 창원국제시가제, 동아시아시인대회, 한중일시인축전

등에 초청하여 교류를 더욱 발전시키거나, 직접 중국대륙과 홍콩, 해외의 각종 문학 모임에서 만나 여러 가지 방식으로 교류를 해왔다. 당연히 배도임박사도 종종 한국에서 개최되는 이런 모임들에 함께 하고 호흡을 맞추어 가며 그들의 시도 공동으로 번역작업을 해 오고 있다.

그리하여 이 편역시집을 기획하던 수년 전부터 한국어 판권은 이미 해당 시인들로부터 허락을 받은 바 있다. 아쉬운 것은 그 분들 중 홍콩 량빙쥔(예쓰) 시인이 2013년 초에, 타이완 위광중 시인이 2017년 말에, 뤄푸 시인이 2018년 초에 불귀의 객이 되고 말았다는 사실이다. 그러나 이제라도 그분들과의 약속을 지키게 되어 다행이라고 생각하며 충심으로 그 분들의 명복을 빈다.

이 시선집은 위에서 거론한 중화권의 시적 영혼을 대표할만한 12 시인들의 시 각 5,6수를 번역 소개하고, 원문을 게재하여 대조해 볼 수 있게 하였으며, 뒤쪽에 각 시인의 대표적인 시를 중심으로 한어 병음과 주석, 그리고 해설, 쉬어가기 난을 덧붙여 수업 교재로서의 역할도 충실히 할 수 있도록 배려하였다.

마지막으로 이 책을 완성을 인내심으로 기다려 준 한국외국어대학교 인문역량강화(CORE)사업단과 기초학문심화모델팀 정은귀 선생님, 그리고 예쁘게 출판해 주신 지식출판원 선생님들께 감사함을 표하며, 독자 여러분들의 애정어린 질정을 바란다.

2018년 초봄 미네르바광장에서

박재우

배도임

목차

北島

대답
모든 것
선고—위뤄커에게 바치노라
검은 지도
시간의 장미
아버지께

回答
一切
宣告 — 献给遇罗克
黑色地图
时间的玫瑰
给父亲

베이다오

베이다오(北岛, 1949-)의 본명은 자오전카이(趙振开)이고, 본적은 저장(浙江) 후저우(湖州)이지만 베이징에서 태어났다. 베이징 제4중학교를 졸업한 뒤 1969년 베이징 근처에 소재한 공사현장으로 보내져서 그곳에서 콘크리트공과 철공으로 11년 동안 지냈다. 1970년경부터 시를 쓰기 시작했고 1978년 망커(芒克, 1950-) 등과 함께 최초의 민간 문예잡지인 《오늘(今天)》을 창간하여 '몽롱'풍 시인들의 시들을 주로 게재하면서 '새로운 시(몽롱시)'의 흐름을 이끌어냈다. '베이다오'라는 필명은 시인이자 친구인 망커가 그에게 만들어준 것으로 가장 폭넓게 알려진 필명이다. 베이다오는 20세기 후반 중국을 대표할만한 시인이다.

출판한 시집으로는 《낯선 바닷가(陌生的海滩)》(1978), 《베이다오 시선(北岛诗选)》(1986), 《하늘 끝에서(在天涯)》(1993), 《한밤의 가수(午夜歌手)》(1995), 《영도 이하의 풍경(零度以下的風景)》(1996), 《자물쇠를 열며(开锁)》(1999) 등과 소설 《파동(波动)》(1984), 《돌아온 낯선 사람(帰来的陌生人)》(1987), 산문집 《푸른 방(蓝房子)》(1999), 《실패한 책(失败的书)》(2004), 《푸른 등(青燈)》(2008), 《성문이 열렸네(城門開)》(2010) 등이 있다. 한국어 번역본으로는 배도임이 번역한 <한밤의 가두기> 등이 있고, 국에 여러 차례 와서 시 낭송, 강연 등을 하였다.

대답

비열함은 비열한 자의 통행증,
고상함은 고상한 자의 묘지명,
보라, 저 도금된 하늘에는,
죽은 자의 거꾸로 선 구부러진 그림자가 가득 휘날린다.

빙하기는 지났는데,
왜 도처엔 모두 얼음덩어리인가?
희망봉은 발견되었는데,
왜 죽음의 바다에는 뭇 배들이 서로 경쟁하는가?

내가 이 세상에 올 때는,
종이와 밧줄과 그림자만 가져왔다,
심판 이전에,
그 판결되는 소리들을 낭독하기 위해.

너에게 고하노니, 세계여,
나는——너를——믿지——않아!
너의 발아래 천 명의 도전자가 있었다면
그렇다면 나를 천한 번째 도전자로 삼아다오.

나는 하늘이 파랗다는 것을 믿지 않고,
나는 우레의 메아리를 믿지 않으며,
나는 꿈이 가짜라는 것을 믿지 않고,
나는 죽음에 보응이 없다는 것을 믿지 않는다.

만약 바다가 제방을 무너뜨리기로 되어 있다면,
모든 쓴물을 내 마음 속에 모두 쏟아 붓게 하리,
만약 땅이 솟아오르기로 되어 있다면,
인류로 하여금 다시 생존의 봉우리를 선택하게 하리.

새로운 전환점과 반짝이는 별들이,
탁 트인 하늘에 가득 찼구나.
그것은 5천년의 상형문자,
그것은 미래의 사람들이 응시하는 눈동자.

回答

卑鄙是卑鄙者的通行证，
高尚是高尚者的墓志铭，
看吧 在那镀金的天空中，
飘满了死者弯曲的倒影。

冰川纪过去了，
为什么到处都是冰凌？
好望角发现了，
为什么死海里千帆相竞？

我来到这个世界上，
只带着纸、绳索和身影，
为了在审判之前，
宣读那些被判决的声音。

告诉你吧，世界
我——不——相——信！
纵使你脚下有一千名挑战者，
那就把我算作第一千零一名。

我不相信天是蓝的，
我不相信雷的回声，
我不相信梦是假的，
我不相信死无报应。

如果海洋注定要决堤，
就让所有的苦水都注入我心中，
如果陆地注定要上升，
就让人类重新选择生存的峰顶。

新的转机和闪闪星斗，
正在缀满没有遮拦的天空。
那是五千年的象形文字，
那是未来人们凝视的眼睛。

모든 것

모든 것은 다 운명
모든 것은 다 연기
모든 것은 다 결말이 없는 시작
모든 것은 다 조만간 사라질 추구
모든 기쁨엔 다 미소가 없네
모든 고난엔 다 눈물자국이 없네
모든 언어는 다 중복
모든 만남은 다 초면
모든 사랑은 다 마음속에 있고
모든 지난 일은 다 꿈속에 있네
모든 희망엔 다 주석이 달려 있고
모든 신앙엔 다 신음이 딸려 있네
모든 폭발엔 다 찰나의 고요가 있고
모든 죽음엔 다 장황한 메아리가 있네

一切

一切都是命运
一切都是烟云
一切都是没有结局的开始
一切都是稍纵即逝的追寻
一切欢乐都没有微笑
一切苦难都没有泪痕
一切语言都是重复
一切交往都是初逢
一切爱情都在心里
一切往事都在梦中
一切希望都带着注释
一切信仰都带着呻吟
一切爆发都有片刻的宁静
一切死亡都有冗长的回声

선고

—— 위뤄커에게 바치노라

아마도 최후의 시각이 왔나 보오
나는 유언을 남기지 않겠소
글을 남길 뿐이오, 내 어머니께
나는 결코 영웅이 아니라오
영웅 없는 시대에서
나는 그저 사람이 되고 싶을 뿐

고요한 지평선
산 자와 죽은 자의 행렬을 나누었소
나는 하늘을 선택할 뿐
절대로 땅에 무릎을 꿇어
망나니들이 위세를 드러내며
자유의 바람을 가로막도록 하지 않으리오

별의 총알구멍 속에서
핏빛같은 여명이 흘러나올지니

宣告

—— 献给遇罗克

也许最后的时刻到了
我没有留下遗嘱
只留下笔，给我的母亲
我并不是英雄
在没有英雄的年代里，
我只想做一个人。

宁静的地平线
分开了生者和死者的行列
我只能选择天空
决不跪在地上
以显示刽子手们的高大
好阻挡自由的风

从星星的弹孔里
将流出血红的黎明

검은 지도

갈까마귀가 마침내 서로 규합하니
밤은 검은 지도
나 돌아왔네——귀로는
늘 잘못 든 길보다도 길고
한 평생보다 기네

겨울의 마음을 지니고
샘물과 꿀이 환약을 만들 때
밤의 이야기가 되니
기억이 미친 듯 짖어댈 때
무지개가 암시장에 출몰하네

아버지 생명의 불은 콩 같고
나는 그의 메아리
약속한 사람을 만나러 가기 위해 길모퉁이 돌아서니
옛 애인이 바람결에 몸을 숨기고
편지와 함께 빙빙 도네

베이징은 나에게
그대의 모든 불빛과 건배하게 하고
내 백발에게 길을 안내해
검은 지도를 꿰뚫고 가게 하는구나
폭풍이 그대를 이끌고 날아오르듯

내가 줄 선 그 조그만 창까지
닫혔구나, 아 밝은 달이여
나 돌아왔네——재회는
늘 헤어짐보다 적구나
적어도 한 차례는 적구나

黑色地图

寒鸦终于拼凑成
夜：黑色地图
我回来了——归程
总是比迷途长
长于一生

带上冬天的心
当泉水和蜜制药丸
成了夜的话语
当记忆狂吠
彩虹在黑市出没

父亲生命之火如豆
我是他的回声
为赴约转过街角
旧日情人隐身风中
和信一起旋转

北京，让我
跟你所有灯光干杯
让我的白发领路
穿过黑色地图
如风暴领你起飞

我排队排到那小窗
关上：哦明月
我回来了——重逢
总是比告别少
只少一次

시간의 장미

문지기가 깊이 잠들 때
그대 폭풍과 함께 돌아서니
포옹하는 중에 늙어 가는 것은
시간의 장미

험준한 산길이 하늘을 정의 내릴 때
그대 그 지는 해 돌아보니
사라짐 속에 나타나는 것은
시간의 장미

칼이 물 속에서 꺾이어 휠 때
그대 퉁소소리를 즈려밟고 다리를 건너니
몰래 모의 하는 가운데 울부짖는 것은
시간의 장미

붓이 지평선을 그려낼 때
그대 동쪽의 징에 놀라 깨니
메아리 속에 핀 것은
시간의 장미

거울 속은 영원히 이 시각
이 시각은 거듭 나는 문으로 통하고
그 문이 바다를 향해 열리는
시간의 장미

时间的玫瑰

当守门人沉睡
你和风暴一起转身
拥抱中老去的是
时间的玫瑰

当鸟路界定天空
你回望那落日
消失中呈现的是
时间的玫瑰

当刀在水中折弯
你踏笛声过桥
密谋中哭喊的是
时间的玫瑰

当笔画出地平线
你被东方之锣惊醒
回声中开放的是
时间的玫瑰

镜中永远是此刻

此刻通向重生之门

那门开向大海

时间的玫瑰

아버지께

2월의 차가운 새벽에
상수리나무는 끝내 슬픔의 척도를 갖고
아버지, 당신 사진 앞에서
사방의 바람은 원탁의 고요함을 지킵니다

제가 어린 시절의 길에서
본 것은 영원히 당신의 뒷모습이고
군주에로 향한 길을 따라서
당신은 검은 구름과 양떼를 풀어놓고 길렀습니다

웅변의 바람이 홍수를 가져오고
골목의 논리가 사람 마음속으로 깊숙이 들어가
당신은 저를 불러 아들이 되게 했고
저는 당신을 뒤쫓아 아버지가 되었습니다

손바닥에 세차게 흐르는 운명
해 달 별들을 이끌어 운행하고
남성적인 외로운 등 아래서
온갖 사물의 그림자는 짝이 됩니다

시계 바늘 형제의 싸움이
예각을 형성하고, 둘이 합쳐 하나가 된
병든 우레가 밤의 병원으로 굴러 들어와
당신의 문을 쳐서 소리 나게 합니다

여명이 어릿광대처럼 등장하고
불꽃이 당신을 위해 침대보를 바꾸는
시계가 멈춘 곳에
시간의 부메랑이 휙하고 지나갑니다

저 죽음의 마차를 빨리 따라잡읍시다
봄이 훔친 작은길
첩첩 산의 재산을 탐문 조사하며
강물이 노래의 우울함을 감돕니다

표어가 담장 위에 숨은
이 세계는 그다지 변함이 없습니다
여자가 몸을 돌려 밤으로 녹아든
새벽에 남자를 내보냅니다

给父亲

在二月寒冷的早晨
橡树终有悲哀的尺寸
父亲，在你照片前
八面风保持圆桌的平静

我从童年的方向
看到的永远是你的背影
沿着通向君主的道路
你放牧乌云和羊群

雄辩的风带来洪水
胡同的逻辑深入人心
你召唤我成为儿子
我追随你成为父亲

掌中奔流的命运
带动日月星辰运转
在男性的孤灯下
万物阴影成双

时针兄弟的斗争构成
锐角，合二为一
病雷滚进夜的医院
砸响了你的门

黎明如丑角登场
火焰为你更换床单
钟表停止之处
时间的飞镖呼啸而过

快追上那辆死亡马车吧
一条春天窃贼的小路
查访群山的财富
河流环绕歌的忧伤

标语隐藏在墙上
这世界并没多少改变：
女人转身融入夜晚
从早晨走出男人

시어 주석

回答 huídá　대답, 회답, 대답하다, 회답하다

卑鄙 bēibǐ　비열하다, 졸렬하다, 신분이 비천하다

高尚 gāoshàng　고상하다, 훌륭하다

弯曲 wānqū　굽다, 구불구불하다, 꼬불꼬불하다

倒影 dàoyǐng　거꾸로 선 그림자, 수면에 비친 그림자

相竞 xiàngjìng　서로 경쟁하다, 서로 다투다

烟云 yānyún　연기, 연기와 운무

结局 jiéjú　결말, 결국, 종국

稍纵即逝 shāozòngjíshi　한번 가면 그만이다, 약간 느슨해지자마자 사라지다. 시간이나 기회가 아주 쉽게 (흐르는 물처럼 빨리) 가버리는 것을 형용한다.

追寻 zhuīxún　추궁, 추적하다, 캐다, 따지다

冗长 rǒngcháng　지루하다, 길다

宣告 xuāngào　선고, 발표, 선고하다, 발표하다

献给 xiàngěi　바치다, 드리다, 올리다

遇罗克 Yù-Luókè　위뤄커(1942-1970), 문화대혁명 시기에 희생된 베이다오의 친구이다. 그가 쓴《출신론(出身论)》이 커다란 반향을 일으켰다. 1968년 1월 5일 체포됐고, 1970년 3월 5일에 다른 정치범 19명과 함께 베이징노동자체육관(北京工人体育场)에서 개최한 10만인대회에서 사형을 선고받고 총살형을 당했다.

遗嘱 yízhǔ 유언, 유언장
阻挡 zǔdǎng 막다, 가로막다, 저지하다
寒鸦 hányā 갈까마귀
拼凑 pīncòu 규합하다, 긁어모으다. 그러모으다
归程 guīchéng 귀로, 돌아오는 노정
迷途 mítú 잘못 든 길, 길을 잘못 들다, 방향을 잃다
黑市 hēishì 암시장. 블랙마켓(black market)
隐身 yǐnshēn 몸을 숨기다, 은신하다
旋转 xuánzhuǎn 빙빙 돌다, 선회하다
玫瑰 méigui 장미, 때찔레
折弯 zhéwān 꺾이어 휘다
惊醒 jīngxǐng 놀라서 깨다, 놀래 깨우다
开放 kāifàng 피다, 열다, 개방하다
重生 chóngshēng 거듭 나다, 중생하다, 재생하다
背影 bèiyǐng 뒷모습, 배경
雄辩 xióngbiàn 웅변, 설득력 있다
胡同 hútòng 골목(몽골어), 작은 거리, 뒷골목
逻辑 luójí 논리, 로직(logic)
砸响 záxiǎng 치거나 찧어서 소리를 내다

해설

베이다오의 문학 여정은 대체로 1989년의 6·4 톈안먼사건(天安门事件)을 분기점으로 삼아 그 이전을 전기, 그 이후를 후기로 나눈다. 전기는 다시 계몽적인 시를 창작한 시기와 성숙한 시를 창작한 시기로 나누고, 후기는 또 심오하면서도 난해한 시작기와 2003년 이후 수필 창작기로 나눌 수 있다.(박재우, 〈망명과 고독을 거쳐 성숙해진 '저항시인'——동아시아로 귀환한 중국 대표시인 베이다오〉, 2008) 베이다오의 대표작으로는 1976년에 쓴 시 〈대답〉이 있으며, 이 시는 시대의 획을 그으며 문화대혁명을 직접적으로 비판한 것으로 평가받는다. 이 시의 "비굴함은 비굴한 자의 통행증,/고상함은 고상한 자의 묘지명"과 "너에게 고하노니, 세계여,/나는——너를——믿지——않아——!"라는 구절은 이들 세대의 시 정신을 상징하는 명구가 되었다.

베이다오는 한국의 제1회 KC국제시문학상(2010)을 비롯하여 세계적인 문학상을 수차례 수상했으나 노벨문학상만큼은 여러 차례 후보로 추천되었을 뿐이고 성공하지 못하였다. 아무튼 현재까지 세계적으로나 중국에서나 영향력이 가장 큰 시인이라고 할 수 있다. 2011년 제3차 '칭하이후 국제시가페스티벌(青海湖国际诗歌节)' 참석을 계기로 중국 방문을 정식으로 허락받기 시작하였고, 또 신병 치료 때문에도 중국에 갈 기회가 많아졌다. 〈검은 지도〉는 해외 유랑 13년 만에 부친상을 당해 중국 정부로부터 잠시 귀국 허가를 받은 뒤인 2001년에 지은 작품이다. 그의 시는 몽롱 시인들 가운데서 비교적 몽롱하지 않고 시적 도전과 명증한 지향성을 보여주었다.

쉬어가기

[톈안먼사건(天安门事件)]

- 제1차 톈안먼사건

'4·5 톈안먼사건(四五天安门事件)'을 가리킨다. 1976년 1월 1일 국무원 총리 저우언라이(周恩来, 1898-1976)가 사망하자, 이해 4월 5일 청명절을 기해 전국 각지에서 저우언라이 추모 행렬이 이어졌다. 이 사건은 9월 9일 마오쩌둥의 사망, 그리고 곧 이은 '사인방'의 체포로 이어졌다. 당국은 당시 '반혁명적인 파괴활동'이라 규정하고, 톈안먼광장을 봉쇄하고 이곳에 걸렸던 추도사, 시, 사, 대련 등의 소지 및 전파를 불허했다. 그러나 뒤에 '문화대혁명을 부정하는 전국적인 군중적 비폭력 항의운동'이었다고 평가되었다.

- 《톈안먼 시초(天安门诗抄)》

베이징 제2외국어대학(第二外国语学院) 중국어교육연구실(汉语教研室)의 교사 16인이 '둥화이저우(童怀周, '우리는 저우언라이 총리를 그리워합니다'라는 뜻)'라는 필명으로 1978년에 인민문학출판사(人民文学出版社)에서 출판했다.《톈안먼 시초》에는 4월 5일을 전후하여 톈안먼광장에 전시되었던 추도사, 시, 사, 대련 등이 수록됐다.

- 제2차 톈안먼사건

6·4 톈안먼사건(六四天安门事件, 六四事件)은 1989년 4월 15일에 전 중국공산

당 중앙위원회 총서기 후야오방(胡耀邦, 1915-1989)이 사망하자, 바로 뒤이은 6월 4일에 학생과 시민들이 톈안먼광장에 모여서 민주화를 요구하는 시위를 거행했고, 중국 정부가 군을 동원하여 무력 진압한 사건을 가리킨다.

- 류샤오보

류샤오보(刘晓波, 1955-2017), 중국의 인권운동가이자 문학비평가이다. 그는 미국 컬럼비아대학에서 방문학자로 체류 중이었는데, 1989년 민주화운동이 발생하자마자 귀국하여 시위에 참여하였고, 시위대 대표로서 정부와 협상을 벌였다. 그는 2010년 노벨평화상 수상자로 선정되었지만 교도소에 수감 중이어서 시상식에 참가하지 못하였고, 시상식장에 빈 의자를 설치한 상태로 시상식을 진행하였고, 의자에는 메달과 상장이 놓였다. 2017년 병이 악화되어 보석되었으나 출국이 불허되어 중국의 병원에서 세상과 하직하였다.

[《오늘(今天)》]

1978년 12월 23일 제1기를 발간하고 1980년 12월 정간한 민간간행물이다. 베이다오, 망커(芒克) 등이 주관하여 창간하고 소설, 시, 평론과 외국문학을 번역 소개하는 글들을 게재했다. 창간호에 베이다오가 집필한 '간행물편집부(本刊编辑部)' 명의로 〈독자에게(致读者)〉라는 발간사를 싣고, 간행물의 창간을 선언하고 그들의 사회적 시적 이상과 포부를 밝혔다. 1980년 12월 말에 베이징시 공안국(公安局)이 편집부에 정간을 통지함에 따라 제9기를 발간한 뒤에 모든 활동을 중지했다. 1990년 1월 《오늘》 복간호를 노르웨이 오슬로에서 출판했고, 또 2008년 12월 12-13일에는 홍콩에서 《오늘》창간 30주년 기념행사를 가졌다.

舒婷

상수리나무에게
그대가 나의 창 아래를 지날 때
바다에게
돌참나무
후이안여자
신녀봉

致橡树
当你从我的窗下走过
致大海
白桐
惠安女子
神女峰

수팅

수팅(舒婷, 1952-), 본명은 궁페이위(龚佩瑜)이고, 푸젠(福建) 취안저우(泉州) 사람이다. 장저우(漳州) 스마진(石码镇)에서 태어났고 샤먼(厦门)에서 성장했다. 그녀는 1964년에 샤먼 제1중학교에 입학하였으나 1967년에 졸업하지 못한 상태에서 푸젠성 서쪽 산촌의 인민공사 생산대대에 들어갔다. 그녀는 그곳의 한적하면서도 고달픈 시골생활 속에서 시를 사랑하게 되었으며, 1971년경부터 시를 쓰기 시작했다. 1972년에 샤먼으로 돌아와 임시직으로 여러 가지 노동일을 전전했다. 1977년을 전후하여 몽롱시인들과 사귀게 되었고, 1980년에 푸젠성 문련('中国文学艺术界联合会'의 약칭)으로 이동하여 전적으로 창작에 종사하기 시작했다. 시집 《쌍돛단배(双桅船)》(1982), 《수팅과 구청 서정시선(舒婷顾城抒情诗选)》(1982), 《노래할 수 있는 붓꽃(会唱歌的鸢尾花)》(1986), 《시조새(始祖鸟)》(1992) 등과 《수팅문집(舒婷文集)》(1997) 등을 출판했다. 《상수리나무에게》등 몇 권의 시집이 한국어판으로 나와 있고 한국에서 2017년 9월 평창에서 개최한 한중일시인축제와 한국외대에서 개최한 제6차 한중시가낭송회에 참석하는 등 지한파 시인이기도 하다.

상수리나무에게

내가 그대를 사랑한다면——
절대 다른 나무를 타고 오르는 능소화처럼,
그대의 높은 가지를 빌려 자신을 자랑하진 않겠어요.
내가 그대를 사랑한다면——
사랑에 푹 빠진 새처럼
녹음을 위해 단조로운 노래를 반복하진 않겠어요.
또 샘물처럼
늘 시원한 위안을 주는데 그치지도 않고
험준한 산봉우리처럼
그대의 높이를 들려주거나, 그대의 위엄을 받쳐주는데 그치지는 않을 거예요.
심지어는 햇볕.
심지어는 봄비.
아니예요, 모두 너무 부족해요!
나는 꼭 그대 곁에서 한 그루 목면이 되어
나무의 모습으로 그대와 같이 서 있으리니.
뿌리, 땅 밑에서 굳게 손잡고,
잎, 구름 속에서 부딪혀요.
바람이 지나갈 때마다,
서로 인사하지만,
누구도

우리의 언어를 알아듣지 못해요.
그대는 그대의 강철 같은 가지와 줄기가 있어요
칼같고, 검같고,
또 미늘창과도 같아요;
나에겐 내 빨갛고 큰 꽃이 있는데,
무거운 탄식과 같고,
용감한 횃불과도 같아요.
우리는 한파, 우레, 벼락을 함께 이겨내요;
우리는 안개, 이내, 무지개를 함께 즐겨요,
영원히 헤어진 것 같지만
평생 서로 의지하고 살아요.
이래야 위대한 사랑이에요,
꿋꿋함이 바로 여기 있어요:
사랑——
그대의 우람한 몸통만 사랑하는 게 아니라,
그대가 고수하는 위치도, 그대 발아래 토지까지 사랑해요.

1977년 3월 27일

致橡树

我如果爱你——
绝不像攀援的凌霄花，
借你的高枝炫耀自己；
我如果爱你——
绝不学痴情的鸟儿，
为绿荫重复单调的歌曲；
也不止像泉源，
常年送来清凉的慰藉；
也不止像险峰，
增加你的高度，衬托你的威仪。
甚至日光。
甚至春雨。
不，这些都还不够！
我必须是你近旁的一株木棉，
作为树的形象和你站在一起。
根，紧握在地下，
叶，相触在云里。
每一阵风过，
我们都互相致意，
但没有人

听懂我们的言语。
你有你的铜枝铁干
像刀，像剑，
也像戟；
我有我红硕的花朵，
像沉重的叹息，
又像英勇的火炬。
我们分担寒潮、风雷、霹雳；
我们共享雾霭、流岚、虹霓，
仿佛永远分离，
却又终身相依。
这才是伟大的爱情，
坚贞就在这里：
爱——
不仅爱你伟岸的身躯，
也爱你坚持的位置，足下的土地。

1977年3月27日

그대가 나의 창 아래를 지날 때

그대 나의 창 아래를 지날 때,
나를 축복해주세요,
등불이 아직도 비추고 있으니까요.
등불이 비추고 있네요——
어둡고 무거운 밤기운 속에서,
그것은 홀로 떠도는 고기잡이배의 불빛처럼.
그대는 내 작은 집이,
광풍에 떠밀려가는 조각배 같다고 생각해도 좋아요.
그래도 나는 절대 가라앉지 않아요,
등불이 아직도 비추고 있으니까요.

등불이 비추고 있네요——
커튼에 그림자가 비춰지면,
내가 이미 노쇠한 늙은이가 된 걸 설명하는 것,
힘찬 손짓도 없이,
등이 전보다 더 굽어져 있지만.
그러나 늙는 것은 내 마음이 아니예요,
등불이 아직도 비추고 있으니까요.

등불이 비추고 있네요——
그것이 그토록 불처럼 뜨거운 연정으로,
사방으로부터 해 오는 인사에 답하고 있지요
등불이 비추고 있네요——
그것은 그토록 당당한 오기로,
음양간의 압박을 흘겨보고 있어요.
아, 불빛은 언제 뚜렷한 성격이 생긴 걸까요?
그대가 나를 이해하기 시작했을 때부터예요.

등불이 아직도 비추고 있으니까요,
나를 축복해주세요,
그대 나의 창 아래를 지날 때……

1976년 4월

当你从我的窗下走过

当你从我的窗下走过，
祝福我吧，
因为灯还亮着。
灯亮着——
在晦重的夜色里，
它像一点漂流的渔火。
你可以设想我的小屋，
像被狂风推送的一叶小舟。
但我并没有沉沦，
因为灯还亮着。

灯亮着——
当窗帘上映出了影子，
说明我已是龙钟的老头，
没有奔放的手势，
背比从前还要驼。
但衰老的不是我的心，
因为灯还亮着。

灯亮着——
它用这样火热的恋情，
回答四面八方的问候；
灯亮着——
它以这样轩昂的傲气，
睥睨明里暗里的压迫。
呵，灯何时有了鲜明的性格？
自从你开始理解我的时候。

因为灯还亮着，
祝福我吧，
当你从我的窗下走过……
1976年4月

바다에게

바다의 일출
얼마나 많은 영웅들로 하여금 진심에서 우러나온 감탄을 자아내게 했는가
바다의 석양
얼마나 많은 시인들로 하여금 따뜻하고 부드러운 추억을 떠올리게 했는가
절벽 위에서 들려오는 노래 몇 곡
또 바닷바람이 밤낮으로
밤낮으로 속삭이고
모래밭에 남긴 발자국 몇 줄
하늘가를 향해 올린 돛 몇 차례
모두 파도에 의해 비밀리
비밀리에 매장되네.

악담도 퍼붓고 슬퍼도 하고
찬미도 하고 영광도 있었지
바다——변화하는 생활
생활——용솟음치는 바다

어디가 어렸을 때 파낸 모래구멍일까?
어디에 첫사랑과 나란히 한 자취가 있을까?
아, 바다여,
설령 그대 파도가
기억을 평편하게 쫙 씻어낼 수 있다 해도
또 조개껍질들은
산비탈에 흩어져 있네
초여름 별처럼

어쩌면 소용돌이가 위험한 눈을 깜빡거리는 것일 수도 있고
어쩌면 폭풍이 탐욕스런 아가리를 벌리고 있는 것일 수도 있겠지
아! 생활이여,
물론 그대는 이미 끊어져 버렸지만
무수히 순결한 꿈을
용감한 사람도 더러 있었네
폭풍우 속에서
빨리 날아가는 갈매기처럼.

해 질 무렵의 해안은 밤처럼 쓸쓸하고
스산한 밤의 깎아지른 바위는 죽음처럼 가혹하네
해안에서 깎아지른 바위까지
내 그림자를 얼마나 쓸쓸하게 만드는가
황혼에서 깊은 밤까지
내 마음을 얼마나 오만하게 만드는가.

'자유의 원소'여!
그대 마음껏 포효하는 척 하게나
그대 마음껏 조용한 척 하게나
그대 마음껏 과거의 모든 것을 빼앗도록 하게
모든 것의 과거——
이 세계에는
침몰의 고통도 있고
되살아난 기쁨도 있네.

1973년 2월

致大海

大海的日出
引起多少英雄由衷的赞叹；
大海的夕阳
招惹多少诗人温柔的怀想。
多少支在峭壁上唱出的歌儿，
还由海风日夜
日夜地呢喃；
多少行在沙滩上留下的足迹，
多少次向天边扬起的风帆，
都被海涛秘密、
秘密地埋葬。

有过咒骂，有过悲伤，
有过赞美，有过荣光。
大海——变幻的生活，
生活——汹涌的海洋。

哪儿是儿时挖掘的沙穴?
哪里有初恋并肩的踪影?
呵，大海,
就算你的波涛
能把记忆涤平,
还有些贝壳,
散在山坡上
如夏夜的星。

也许漩涡眨着危险的眼,
也许暴风张开贪婪的口,
呵，生活,
固然你已断送
无数纯洁的梦,
也还有些勇敢的人,
如暴风雨中
疾飞的海燕。

傍晚的海岸夜一样冷清，
冷夜的巉岩死一般严峻。
从海岸至巉岩，
多么寂寞我的影；
从黄昏到夜阑，
多么骄傲我的心。

“自由的元素”呵，
任你是佯装的咆哮，
任你是虚伪的平静，
任你掳走过去的一切
一切的过去——
这个世界
有沉沦的痛苦，
也有苏醒的欢欣。

1973年2月

돌참나무

벌목을 하고 난 삼림지대에
돌참나무 두 그루
도끼소리의 기억을 어깨에서 털어버리고
붓순나무와 그루터기 사이에서
돌참나무 두 그루
최후의 악장을 맑고 아름다운 전주로 고쳐 쓰네.

노래를 읊조리는 햇빛은,
노란 솜털이 난 벌들처럼 떼 지어 와글대니
온갖 자태로 무럭무럭 자라는 가지와 잎들
온갖 자태로 타는 듯 반짝이네.
오색 스펙트럼처럼 퍼지는 산속의 운무
맑은 하늘로 마구 되쏘네.

힘차게 열정을 쏟아내니
사방은 침묵으로 메아리 치고
형체는 멈추어 있어도
생명은 빙그르르 춤을 추네
낮게 비추이는 석양빛이
온통 붉게 물든 나무 위를 나는 제비를 비추리라는 것을 아니
더 이상 명료한 언어는 없네
원시와 황량함이 선택한 이 돌참나무 두 그루 같은.

1981년 10월 우이산에서

白柯

在被砍伐过的林地上，
两株白柯
把斧声的记忆从肩头抖落；
在莽草和断桩之间，
两株白柯
改写最后乐章为明丽的前奏。

歌吟的阳光，攒动
如金茸茸的蜂群；
千姿百态的丛枝茁叶，
千姿百态地燃烧闪熠。
色谱般扩展的山岚，
向晴空漫射。

有力地倾诉热情，
四周回响着沉默；
形体在静止之中，
生命却旋舞着——
知道落日的脚灯，
将满树红色的飞燕照彻。
似乎再没有一种更明了的语言，
像蛮荒所选择的这两株白柯。

1981年10月，武夷山

후이안여자

들불은 먼 곳, 먼 곳
그대 호박색의 눈 속에 있네

오래된 마을의 은 장식품으로
부드러운 허리를 묶으니
행복이 설령 예기치 못한 것이라 해도, 소녀의 꿈은
민들레같이 하늘하늘 바다 위로 떨어지네
아! 물보라 끝없는 끝없는

천성이 고난을 하소연하길 좋아하지 않아
결코 고난이 영원히 사라져서가 아니지
퉁소와 비파가 저녁노을 속에서
평범한 애달픔을 불러 깨울 때
그대는 스카프 한 쪽 끄트머리를 가벼이 입에 무네

이토록 우아하게 바다와 하늘 사이에 서 있기에
사람들은 소홀했네, 그대의 맨 발이
밟고 지나간 소금 펄과 암초를

그리하여, 표지와 삽화 속에서
그대는 풍경이 되고 전설이 되었네

1981년 4월

惠安女子

野火在远方，远方
在你琥珀色的眼睛里

以古老部落的银饰
约束柔软的腰肢
幸福虽不可预期，但少女的梦
蒲公英一般徐徐落在海面上
啊，浪花无边无际

天生不爱倾诉苦难
并非苦难已经永远绝迹
当洞箫和琵琶在晚照中
唤醒普遍的忧伤
你把头巾一角轻轻咬在嘴里

这样优美地站在海天之间
令人忽略了：你的裸足
所踩过的碱滩和礁石

于是，在封面和插图中
你成为风景，成为传奇

1981年4月

신녀봉

그대를 향해 흔들던 여러 빛깔 꽃무늬 손수건
누구의 손인지 갑자기 거둬들이며
자신의 눈에 대고 꾸욱 누르네
사람들이 사방으로 흩어질 때, 누군가
아직 배의 뒤 끝에 서 있네
치맛자락이 휘날리네, 마치 구름이 끊임없이 나부끼듯이
강의 물결
높아져 한번 철썩
낮아져 한번 철썩

아름다운 꿈이 아름다운 근심을 남기니
세상 속의 천국, 대대로 전해오는데
그러나, 마음이
어찌 진짜 돌멩이로 변할 수 있으리
먼 하늘의 종적 없는 학을 기다리다
밝은 달 아래 봄 강물을 수없이 지나쳐 보냈네

강기슭을 따라
삼잎 국화와 광나무 열매의 거센 물결
막 새로운 배신을 선동하고 있네
낭떠러지 위에서 벌어지는 천 년이
연인의 어깨에 기대어 하룻밤 통곡함만 같지 못하리

1981년 6월 창장에서

神女峰

在向你挥舞的各色花帕中
是谁的手突然收回
紧紧捂住了自己的眼睛
当人们四散离去，谁
还站在船尾
衣裙漫飞，如翻涌不息的云
江涛
高一声
低一声

美丽的梦留下美丽的忧伤
人间天上，代代相传
但是，心
真能变成石头吗
为盼望远天的杳鹤
而错过无数次春江月明

沿着江岸
金光菊和女贞子的洪流
正煽动新的背叛
与其在悬崖上展览千年
不如在爱人肩头痛哭一晚

1981年6月，于长江

시어 주석

橡树 xiàngshù	상수리나무
火炬 huǒjù	횃불
霹雳 pīlì	벼락, 벽력
雾霭 wù'ǎi	안개
流岚 liúlán	이내(해 질녘 멀리 보이는 푸르스름하고 흐릿한 기운)
虹霓 hóngní	무지개
晦重 huìzhòng	어둡고 무겁다
渔火 yúhuǒ	고기잡이배에 켜는 등불이나 횃불
沉沦 chénlún	가라앉다, 몰락하다, 빠지다
轩昂 xuān'áng	우쭐대다, 기개가 드높다, 위풍당당하다
傲气 àoqì	오기
由衷 yóuzhōng	진심에서 우러나오다, 충심에서 우러나오다
温柔 wēnróu	따뜻하고 부드럽다
足迹 zújì	발자국, 발자취, 족적
汹涌 xiōngyǒng	용솟음치다, 세차게 위로 솟구치다
踪影 zōngyǐng	자취, 종적, 행방
白柯 báikē	학명은 'Lithocarpus dealbatus'이다. 여기서는 '돌참나무'로 번역했다.
砍伐 kǎnfá	나무를 베다, 벌채하다
抖落 dǒuluò	털어내다, 흔들어서 떨어지게 하다

断桩 duànzhuāng 그루터기, 끊어진 나무말뚝

惠安 Huì'ān 푸젠성(福建省) 취안저우시(泉州市)에 속한 현의 하나

琥珀 hǔpò 호박

约束 yuēshù 묶다, 얽매다, 단속하다, 구속하다

蒲公英 púgōngyīng 민들레

礁石 jiāoshí 암초

神女 shénnǚ 신녀

翻涌 fānyǒng 나부끼다, 넘실대다, 들끓다

忧伤 yōushāng 근심, 수심, 근심하고 슬퍼하다, 근심으로 괴로워하다

杳鹤 yǎohè 종적 없는 학

杳 (행방 등이) 묘연하다, 까마득하게 멀다, 어둡고 조용하다

鹤 학, 두루미

背叛 bèipàn 배신, 배반, 배신하다, 배반하다

悬崖 xuányá 낭떠러지, 벼랑, 현애

해설

수팅은 1980년대에 독자의 사랑을 가장 많이 받은 시인이다. 그녀는 1979년 4월에 민간 간행물인 《오늘》에 〈상수리나무에게〉라는 시를 발표하였다. 바로 뒤이어서 가장 권위 있는 시 간행물인 《시간(诗刊)》에서 그 시를 옮겨서 게재하면서 전국적으로 이름을 알리게 되었다. 1980년에 《푸젠문학(福建文学)》은 '신시 창작 문제에 관하여(关于新诗创作问题)'라는 테마로 특집란을 마련하고 1년 여 동안 그녀의 작품에 대해 집중적인 토론을 전개하였다. 그때 편집자가 의식적으로 그녀의 작품을 당시 시단에서 주목하는 젊은 시인들과 관련시키면서 새로운 시 흐름을 주도했던 몽롱시의 간판격인 시인으로 간주된 면이 있긴 하지만, 그 때문에 오히려 시단에서 그녀의 지위는 확고해졌고, 영향력이 덩달아 커졌다. 또 그녀의 〈쌍돛단배(双桅船)〉가 중국작가협회의 제1회(1979-1982) 전국우수 신시 2등상을 수상하는 계기가 된 데도 한몫했다고 할 수 있다.

1980년의 '청춘시회(青春诗会)'(《시간》, 제10기)에서 시인 스스로 "지금 사람들에게 절실하게 필요한 것은 존엄, 믿음, 따스함이란 것을 깊이 알게 되었어요. 저는 시를 통해서 가능한 한 사람들에 대한 저의 관심을 표현하고 싶었어요." 라고 밝혔듯이, 그녀는 시름과 슬픔에 젖은 감상을 토로하고, 상처 입은 영혼을 보듬어 안는 위로를 통해서 현실에 대한 자신의 이상을 표현하였다. 〈상수리나무에게〉에서 시인은 '목면'과 '상수리나무'라는 두 중심 사물을 통해서 섬세하고 부드럽고 그렇지만 강인함을 깊이 간직한 감정을 드러내었다. 또한 '높은 나뭇가지'와 '녹음'이란 시어에서 종속적인 사랑을 거부하고 능소화처럼 기대고 싶지 않으며, 상수리나무의 높은 가지 위에서 우쭐하기도 바라지 않는 기품을 드러내고 있다. 시인은 희생하는 사랑도 싫고, 녹음을 위해 단조롭게 지저귀는 새도 싫다. 샘의 근원도 싫고 맹목적으로 상수리나무의 위엄을 돋보이는 역할을 하는 것도 싫다. 시인은 사랑 때문에 자신을 상실하고 싶지 않다. 이는 사랑에 대한 자아선언이다. 진정한 사랑이란 서로 평등하되 독립적이고 서로 존중하고 받들어 주어야만 한다. 여성은 더 이상 이전처럼 남성의 부속물로서 존재하는 것이 아니다. 남녀 두 사람이 서로 행복하게 소통하고 사랑의 감정을 공유한다. 시어의 연속적인 가정과 뒤이은 부정은 순종과 종속에 대한 경멸을 드러내며, 인격의 독립이라는 밑받침 위에서 사람과 사람과의 관계를 확립하려는 의지와 신념을 강화시킨다.

'상수리나무'와 '목면'은 뿌리와 잎이 단단히 연결되어 함께 고요히 굳게 서 있다. 바람이 불면 살짝 흔들릴 뿐이요, 서로 속내를 터놓고 존경한다. 이심전심이며, 그들은 자신들만의 밀어를 속삭인다. 이 뿌듯한 자부심이야말로 서로에 대한 사랑 속에서 싹튼 것이다. 상수리나무의 구리 같은 가지와 강철 같은 줄기는 목면의 용감한 횃불 같은 꽃봉오리와 상호보완적인 관계에 있고, 그것은 절대적인 평등의 세계이며, 각자 자아를 가졌고, 서로의 존재를 인정해주는 '나'와 '타자'를 모두 사랑하는 경지인 것이다. 이처럼 그녀는 〈상수리나무에게〉에서 사랑의 기쁨을 함께 누릴 수 있어야 진정한 사랑이고 위대한 사랑이라고 노래하였다. 1981년 4월의 〈후이안여자〉는 역사와 봉건도덕 관념에 짓눌린 전통적인 여성에게 시선을 돌리고 사람의 자유를 갈망하는 외침을 토해낸 것은 모두 그녀가 자아와 생명에 대해 끊임없이 애쓴 사색의 흔적이다. 하지만 그녀의 시어 속에 담긴 굳건함, 강인함, 그리고 고집이 여성적 감수성, 감상주의, 심지어는 멜랑콜리 한 가락에 매몰된 듯이 보여서 일부 평론가와 독자에게 강렬한 인상을 남기지 못했을 것이다. 수팅이 시의 긴 호흡을 이어가지 못하고, 수필 창작으로 전향한 점이 아쉽다.

쉬어가기

[제1차 전국우수신시상(第一届全国优秀新诗奖)]

1983년에 중국작가협회(中国作家协会)가 주관한 제1차 1979~1982년도 전국우수신시(시집) 대상에는 아이칭(艾青, 1910-1996)의 〈돌아온 노래(归来的歌〉, 장즈민(张志民, 1956-)의 〈조국, 너에게 말하노니(祖国, 我对你说)〉, 리잉(李瑛, 1926-)의 〈나는 오만한 나무 한 그루(我骄傲,我是一棵树)〉, 궁류(公刘, 1927-2003)의 〈선인장(仙人掌)〉, 사오옌샹(邵燕祥, 1933-)의 〈먼 곳에서(在远方)〉, 류사허(流沙河, 1931-)의 《류사허시집(流沙河诗集)》, 황융위(黄永玉, 1924-)의 〈예전에 그런 때가 있었지요(曾经有过那种时候)〉가 선정되었고, 2등상에는 후자오(胡昭, 1933-2004)의 〈산의 사랑가(山的恋歌)〉, 푸톈린(傅天琳, 1946-)의 〈녹색의 음표(绿色的音符)〉, 수팅의 〈쌍돛단배(双桅船)〉가 선정되었다.

[청춘시회(青春诗会)]

1980년 10월에 시 전문잡지인 《시간》이 주관하여 베이징과 베이다이허(北戴河) 두 지역에서 제1차 '청춘시회'를 거행한 뒤로 해마다 한 차례씩 거행했다. 제1차 청춘시회를 개최할 때에 량샤오빈(梁小斌), 장쉐멍(张学梦), 예옌빈(叶延滨), 수팅(舒婷), 차이수롄(才树莲), 장허(江河), 양무(杨牧), 쉬샤오허(徐晓鹤), 메이사오징(梅绍静), 가오파린(高伐林), 쉬징야(徐敬亚), 천쒀쥐(陈所巨), 구청(顾城), 쉬궈징(徐国静), 왕샤오니(王小妮), 쑨우쥔(孙武军), 창룽(常荣) 등 젊은 시인 17명을 초청하였다. 현재 시단에서 영향력을 갖고 활동하는 시인들 대부분이 청춘시회가 배출하였다고 해도 과언이 아니기 때문에, '황푸군관학교(黄埔军校)'라고도 불린다. 청춘시회의 황금기는 제1차, 제6차와 제7차를 꼽는다. 제1차 청춘시회에서 구청, 수팅, 장허 등이 시단에 이름을 알렸고, 제6차와 제7차 청춘시회에서 위젠(于坚), 자이융밍(翟永明), 한둥(韩东), 시촨(西川), 어우양장허(欧阳江河) 등이 돌풍을 일으켰기 때문이다. 2014년 10월 11일, 하이난(海南)에서 제30차 청춘시회를 거행했다.

多多

태양에게
솜씨—마리나 츠베타예바와
북쪽 바다
암스테르담의 강물
바이사먼

致太阳
手艺
北方的海
阿姆斯特丹的河流
白沙门

둬둬

둬둬(多多, 1951-)의 본명은 리스정(粟世征)이고, 본적은 랴오닝성(辽宁省)이지만 베이징에서 태어났다. 1969년에 베이징 제3중학교를 다니다가 허베이성(河北省)의 바이양뎬(白洋淀) 생산대대로 내려갔다. 1972년부터 시를 쓰기 시작하였는데 1973년에 망커와 사귀게 된 뒤부터, 두 사람은 해마다 각자의 시를 교환하기로 약속하고 꾸준히 시를 창작했다. 또한 건쯔(根子, 1951- , 본명 岳重)와 사귀게 된 뒤부터는 세 사람이 시 창작 동아리를 만들었고, 늘 시의 예술성에 대해 토론하고 습작했다. 그로부터 둬둬는 〈추억과 사고(回忆与思考)〉, 〈달콤한 한 주(蜜周)〉, 〈해에게(致太阳)〉, 〈가르치기――퇴폐의 기념(教诲――颓废的纪念)〉과 〈동거(同居)〉 등 모더니즘 색채가 뚜렷한 작품들을 창작했다. 시집 《경례: 시38수(行礼 : 诗38首)》, 《노정: 둬둬시선 1973-1988(里程 : 多多诗选1973-1988)》 등이 있다.

해에게

우리에게 가정을 주고, 우리에게 격언을 주며
그대는 모든 아이들을 아버지의 어깨 위에 올라타게 했소
우리에게 광명을 주고, 우리에게 부끄러움을 주며
그대는 개를 시인의 뒤쪽을 따라가며 떠돌게 했소

우리에게 시간을 주어 우리로 하여금 일하게 하고
그대는 깜깜한 밤에 긴 잠을 자며 우리의 희망을 베었소
우리에게 세례를 주고 우리로 하여금 신앙을 갖게 하고
우리는 그대의 축복하에 태어난 뒤 죽었소

평화로운 꿈나라, 웃는 얼굴을 검사하는
그대는 하느님의 대신이고
사람의 탐욕, 질투를 몰수하는
그대는 영혼의 군왕이오

명예를 뜨겁게 사랑하여 그대는 우리를 용감하도록 북돋았고
사람의 머리마다 쓰다듬으며 그대는 평범함을 존중했소
그대는 창조적으로 동쪽에서 솟아올랐으나
그대는 세상에서 통용되는 돈 한 푼 만큼 자유롭지 못하오!

1973년

致太阳

给我们家庭，给我们格言
你让所有的孩子骑上父亲肩膀
给我们光明，给我们羞愧
你让狗跟在诗人后面流浪

给我们时间，让我们劳动
你在黑夜中长睡，枕着我们的希望
给我们洗礼，让我们信仰
我们在你的祝福下，出生然后死亡

查看和平的梦境、笑脸
你是上帝的大臣
没收人间的贪婪、嫉妒
你是灵魂的君王

热爱名誉，你鼓励我们勇敢
抚摸每个人的头，你尊重平凡
你创造，从东方升起
你不自由，像一枚四海通用的钱！

1973年

솜씨

——마리나 츠베타예바와

나는 청춘의 타락한 시를 썼소
(부정한 시를 썼소)
좁고 긴 방 안에서
시인에게 능욕당하고
커피숍에서 길거리로 해고당한 시를 썼소
나의 무관심한
더는 원망이 없는 시였소
(그 자체가 바로 어떤 이야기지요)
나의 읽는 사람 없는 시가
바로 어떤 이야기의 역사와 같소
나의 오만을 잃어버린
사랑을 잃어버린
(나의 귀족의 시)
그녀는 결국 농민의 아내가 되고 말 것이요
그녀는 바로 내가 허비한 시간이요……

1973년

手艺

——和玛琳娜·茨维塔耶娃

我写青春沦落的诗
（写不贞的诗）
写在窄长的房间中
被诗人奸污
被咖啡馆辞退街头的诗
我那冷漠的
再无怨恨的诗
（本身就是一个故事）
我那没有人读的诗
正如一个故事的历史
我那失去骄傲
失去爱情的
（我那贵族的诗）
她，终会被农民娶走
她，就是我荒废的时日……

1973年

북쪽 바다

북쪽의 바다, 대형 유리가 얼음 속에 뒤섞여서 세차게 솟구쳐
적막, 바다짐승이 대륙을 발견하기 전의 적막
땅이여! 하늘을 가져가는 게 무엇을 의미하는지 진작 알았으니
바다 건너로 성난 호랑이를 운송하는 밤에
호랑이 그림자 하나 내 얼굴에서 스칠 때
——오, 나는 내 생활을 토해냅니다

하지만 나의 생명에 무슨 흥분은 없소. 나의
생명이 없으면 사람과 사람이 혈액을 교환하는 흥분은 없습니다
내가 어떤 기억을 점유할 수 없는 것처럼——바람보다 훨씬 강대한

나는 말하리라! 저 바다도 갈수록 낡을 것이라고
내가 청력에 의지할 수 없는 것처럼——그
목소리 사라진 물건
내가 웃음소리를 연구할 수 없는 것처럼
——그 바다에서 돌아오기를 기다리고 있는 물건
나는 말하리라! 내 신체와 마찬가지로 보잘것없는 비례에 기대서는
나는 흥분할 수 없다고

그러나 하늘 이외의 무엇인가 내 주의를 끄니
바위가 알을 낳고 현실의 그림자가 이동하며
곧추 솟구치는 바다 밑에서 바다는 밤낮으로 세차게 흐릅니다

——처음이오! 나에게 즐거움이 생겼소
이것들은 모두 내가 일찍이 본 적이 없는
비단 같은 수면, 강물은 하나하나의 교량

비단이 수면을 떨게 한고, 강물은 하늘에서 우당탕탕 구르니
모든 이미지가 나를 감동시킵니다
게다가 이상야릇하게 즐겁게 하니, 내 마음속에 낯설게 하는 작용이 생겼소

결코 평소와 비할 수 없는 더욱 많은 시간을 가진 이때에
나는 조개가 서로 사랑할 때
두 껍데기를 벌리는 소리를 듣습니다

다정한 사람이 눈물을 흘릴 때——나는
폭풍이 대지의 네 모퉁이에 휘몰아치고
이리에 의해 마지막 남은 아이마저 먹혀버린 뒤의 대지에 생긴
고요에 주의합니다

그러나 높이 높이 떠오른 커다란 광주리 속에서
나는 나를 사랑했던 모든 사람들을 봅니다
그렇게 꼬옥 꼬옥 꼬옥——함께 껴안은……

1984년

北方的海

北方的海，巨型玻璃混在冰中汹涌
一种寂寞，海兽发现大陆之前的寂寞
土地呵，可曾知道取走天空意味着什么
在运送猛虎过海的夜晚
一只老虎的影子从我脸上经过
——噢，我吐露我的生活

而我的生命没有任何激动。没有
我的生命没有人与人交换血液的激动
如我不能占有一种记忆——比风还要强大

我会说：这大海也越来越旧了
如我不能依靠听力——那消失
声音的东西
如我不能研究笑声
——那期待着从大海归来的东西
我会说：靠同我身体同样渺小的比例
我无法激动

但是天以外的什么引得我的注意：
石头下蛋，现实的影子移动
在竖起来的海底，大海日夜奔流

——初次呵，我有了喜悦：
这些都是我不曾见过的
绸子般的河面，河流是一座座桥梁

绸子抖动河面，河流在天上疾滚
一切物象让我感动
并且奇怪喜悦，在我心中有了陌生的作用

在这并不比平时更多地拥有时间的时刻
我听到蚌，在相爱时刻
张开双壳的声响

多情人流泪的时刻——我注意到
风暴掀起大地的四角
大地有着被狼吃掉最后一个孩子后的寂静

但是从一只高高升起的大篮子中
我看到所有爱过我的人们
是这样紧紧地紧紧地紧紧地——搂在一起……

1984年

암스테르담의 강물

11월 밤이 깃든 도시
오직 암스테르담의 강물뿐

느닷없이

우리 집 나무 위의 귤
가을바람 속에서 흔들리네

내가 창문을 닫아도 소용없고
강물이 역류해도 소용없으며
그 진주를 가득 박은 해가 떠올라도
소용없으니
비둘기 떼가 쇠 부스러기처럼 흩어지고
사내아이가 없는 길거리는 느닷없이 넓어지네

가을비 지난 뒤
그 달팽이 가득 기어가는 지붕
——나의 조국
암스테르담 강물 위에서 느릿느릿 달리며 지나가네……

1989년

阿姆斯特丹的河流

十一月入夜的城市
唯有阿姆斯特丹的河流

突然

我家树上的桔子
在秋风中晃动

我关上窗户，也没有用
河流倒流，也没有用
那镶满珍珠的太阳，升起来了
也没有用
鸽群像铁屑散落
没有男孩子的街道突然显得空阔

秋雨过后
那爬满蜗牛的屋顶
——我的祖国
从阿姆斯特丹的河上，缓缓驶过……

1989年

바이사먼

당구대는 파손된 조각상을 마주하고 있는데, 아무도 없네
대형 그물은 끊어진 담장 위에 걸쳐져 있는데, 아무도 없네
자전거는 돌기둥에 묶여 자물쇠 채워져 있는데, 아무도 없네
기둥 위의 천사는 이미 셋이나 맞혀져 쓰러졌는데, 아무도 없네
콜타르 바다는 빠르게 이곳으로 밀려들고 있는데, 아무도 없네
모래사장 위에 또 말 한 마리가 있는데, 하지만 아무도 없네
당신이 그곳으로 가서 서 있게 되면 많아지는 것인데, 아무도 없네
아무도 없기에, 아무도 없기에 망보기를 집으로 삼네——

2005년

白沙门

台球桌对着残破的雕像，无人
巨型渔网架在断墙上，无人
自行车锁在石柱上，无人
柱上的天使已被射倒三个，无人
柏油大海很快涌到这里，无人
沙滩上还有一匹马，但是无人
你站到那里就被多了出来，无人
无人，无人把看守当家园——

2005年

시어 주석

格言 géyán　　격언

肩膀 jiānbǎng　　어깨, 책임

羞愧 xiūkuì　　부끄러움, 부끄러워하다, 수치를 느끼다

流浪 liúlàng　　떠돌다, 유랑하다, 방랑하다

梦境 mèngjìng　　꿈나라, 꿈결, 꿈속

手艺 shǒuyì　　솜씨, 손재간

玛琳娜·茨维塔耶娃 마리아 츠베타예바(Марина цветаева, 1892-1941), 러시아와 소련의 '20세기 최고의 시인'으로 불린다. 시집 《이별》, 《저녁의 앨범》, 《백조의 진영》 등이 있다.

窄长 zhǎicháng　　좁고 길다

奸污 jiānwū　　능욕하다

贵族 guìzú　　귀족

荒废 huāngfèi　　(시간 등을)허비하다, 낭비하다

吐露 tǔlù　　토해내다, 토로하다, 말하다, 나타내다

消失 xiāoshī　　사라지다, 없어지다, 소실하다

奔流 bēnliú　　세차게 흐르다, 급류, 분류하다

紧紧 jǐnjǐn　　꼬옥, 꽉, 바짝

阿姆斯特丹 Āmǔsītèdān 암스테르담(Amsterdam), 네덜란드의 수도

桔子 jiézǐ　　귤

镶满 xiāngmǎn　　가득 박다, 박아 넣다, 끼워 넣다

铁屑 tiěxiè　　쇠 부스러기, 쇠를 깎은 부스러기

空阔 kōngkuò　넓다, 넓고 넓다, 광활하다

缓缓 huǎnhuǎn 느릿느릿, 천천히, 또는 그런 모양

白沙门 Báishāmén 바이사먼은 하이뎬섬(海甸岛) 동쪽에 위치한다. 해변의 깨끗한 '하얀 모래사장'으로 유명하고, 옛날에는 '바이사진(白沙津)'이라 불렸다. 바이사먼이 지금 가리키는 곳은 '바이사먼공원(白沙门公园)'이고 하이뎬섬 북부에 위치해 있다.

台球桌 táiqiúzhuō 탁구대

残破 cánpò　파손되다, 불완전하다, 파손되어 황폐하다

雕像 diāoxiàng　조각상, 상을 조각하다

射倒 shèdǎo　(화살 등에) 맞아서 쓰러지다

柏油 bǎiyóu　콜타르, 역청(沥青), 아스팔트

看守 kānshǒu　망을 보다, 지켜서다, 감시하다

家园 jiāyuán　집, 고향, '보금자리' 혹은 '이상향'을 말하기도 한다.

해설

시는 언어의 예술이다. 시는 운율과 미감을 통해서 독자에게 아름다움을 느끼게 하고 상상의 즐거움을 준다. 시를 쓰는 것과 시를 감상하는 것은 모두 사람에게 예술적인 감화와 정신적인 위로와 더불어 마음의 즐거움을 준다. 둬둬는 언어의 마술사처럼 현대 중국어의 어휘를 이미지화하여 시 속에 녹여내는데 독특한 개성을 발휘한 시인이다.

둬둬는 바이양뎬(白洋淀) 시절인 창작 초기부터 노련미를 보여주었고, 시적 언어를 세련되게 다루는 점에서 단연 독보적이었다. 그는 인간성의 잣대를 들고 현실 세계의 이모저모를 가늠할 때에 주로 뒤틀리고 왜곡된 이미지를 그려냈다. 그래서 그의 시는 차갑고 섬뜩한 빛을 내뿜는 이미지들로 도배되었지만, 시가 전하는 고집스러운 생명력은 독자들까지도 흥분하도록 만들었다. 그는 1983년의 〈죽음의 방향에서 본다(从死亡的方向看)〉, 1984년의 〈북쪽 바다〉에 이어서 1985년에 〈겨울밤의 천당(冬夜的天堂)〉, 〈겨울밤의 여자(冬夜女人)〉, 〈불꽃 깊은 곳(火光深处)〉, 〈봄의 춤(春之舞)〉, 〈고별(告别)〉 등을 발표하였는데, 정교한 구조와 세련된 리듬감은 독자에게 시적인 감흥과 색다른 정취를 선사하였다.

둬둬는 1982년경이 되어서야 시를 공개적으로 발표할 수 있었다. 여러 해가 지난 다음에 둬둬는 그때 그 시절이 그립다고 말한 바 있는데, 그의 별나게 고집스러운 성격과 나이와 전혀 어울리지 않는 고리타분함 때문에 당시 젊은 시인들과 잘 어울리지 못해서 시를 발표할 기회를 잘 얻지 못했다고 한다. 그는 1975년에 베이징으로 돌아와 《농민일보(农民日报)》에서 기자생활을 했다. 1988년에 제1차 '오늘의 시'상을 수상했다. 그는 1989년에 유럽 땅에 발을 디뎠고, 네덜란드

등 멀고먼 타국에서 15년 동안을 떠돌며 지내다가 2004년에 귀국하여 하이난(海南)대학에서 교수로 재직하다가 근년에는 베이징에서 살고 있다. 그의 시는 2000년 북악문예출판사(北岳文艺出版社)에서 출판한 《악스테르담의 강(阿姆斯特丹的河流)》 등이 새로이 호평을 받게 되었다. 그 결과 춘풍문예출판사(春风文艺出版社)에서 2002년에 《몽롱시선(朦胧诗选)》을 다시금 출판하면서 뒤뒤의 시를 새로이 첨부하였고, 창장문예출판사(长江文艺出版社)에서 2004년에 《몽롱시 신편(朦胧诗新编)》을 발간할 때는 뒤뒤, 망커, 건쯔의 시를 앞쪽에 배치하여 수록하였다.

뒤뒤는 1980년대 중후반부터 이미 자신만의 이미지들로 시를 지었다. 〈북쪽 바다〉에서는 신랄하고 날카로운 기지와 색다른 풍자를 담은 시어를 사용하여 부조리한 현실에 대해 비판함으로써 시인 자신의 데카당스 기질을 보여주었다. 그의 시에 등장하는 자연의 힘과 고요를 상징하는 이미지와 시리도록 차가운 어휘들(예를 들면 〈북쪽 바다〉 의 '북쪽', '바다', '밤')은 강렬한 정감을 침투시킨 것이자 그의 시적 사색이 농축된 것들이다. 그런 다음에 그는 자신의 이미지들이 초자연적인 빛을 내뿜고, 그것들이 시 자체의 광채로써 톡톡히 한 몫 하게 만든다. 뒤뒤의 시는 노련한 예술미와 이미지의 적절한 배치 속에 시인 내심에서 폭발하는 충동을 담아내고 있다. 이미지에 대한 천착과 균형 잡힌 배치는 바로 그의 개성이며, 독자는 시인의 남다른 직각에 감동하고, 시의 내면에서 솟구치는 낯선 힘에 동참하면서 함께 전율한다.

쉬어가기

[바이양뎬(白洋淀)]

1969년부터 1976년 사이에 베이징의 중고등학생들이 허베이성(河北省) 바오딩(保定) 일대 바이양뎬이란 작은 마을에 정착했다. 이곳에서 문학에 심취한 젊은이들이 시 창작모임을 만들었다. 망커(본명 姜世伟), 건쯔(根子, 본명 岳重, 1951-), 팡한(方含, 본명 孙康, 1947～), 쑹하이취안(宋海泉, 1949-), 바이칭(白青, 1951～), 판칭핑(潘青萍)과 둬둬 그들이었다. 바이양뎬 생산대대에 있지는 않았지만 베이다오, 장허(江河, 1949-), 옌리(严力, 1954-), 펑강(彭刚), 정이(郑义, 본명 郑光召, 1947-), 천카이거(陈凯歌, 1952-) 등도 이들과 빈번하게 교류하고 바이양뎬으로 가서 문학모임을 가졌다. 나중에는 이들을 모두 바이양뎬 시 그룹에 포함되어 함께 일컬어지게 되었지만, 이 바이양뎬 시 그룹의 모태는 망커, 건쯔와 둬둬 세 사람이다. 그들은 베이징 제3중학교 동창들이었고, 1969년 초에 함께 바이양뎬 생산대대에 와서 정착하게 된 친구들이었다. 나중에 팡한, 쑹하이취안, 바이칭, 판칭핑 등이 들어왔고, 1973년 이후에 펑강, 옌리 등이 가담하여 함께 문학 동아리 활동을 했다. 뒤에 또 친구의 소개를 통해서 베이다오, 장허 등도 손님으로 이 바이양뎬 시 모임에 참여하게 되었다. 당시에는 이들에게 단체를 만들고 간행물을 발간할 의도는 없었지만, 이 모임이 나중에《오늘》잡지의 탄생에 주춧돌이 되었고 몽롱시의 요람이 되었다. 바이양뎬 시그룹의 초기 활동의 하나는 독서였고, 또 하나는 시 낭송이었다. 더불어 각자 쓴 시 원고를 서로 교환하기도 했다.

王家新

바리끼노 서사곡–파스테르나크에게

간단한 자서전

전원시

아들과 함께 술잔을 기울이며

와이링딩 섬 기행

瓦雷金诺叙事曲–给帕斯捷尔纳克

简单的自传

田园诗

和儿子一起喝酒

外伶仃岛记行

왕자신

왕자신(王家新, 1957-), 후베이성(湖北省) 우당산(武当山) 아랫자락에 위치한 단장커우(丹江口)에서 2남 3녀의 맏아들로 태어났다. 1974년 고등학교를 졸업한 뒤에 샤오촨(肖川) 농화학공장에서 근무하였다. 1977년에 우한대학(武汉大学) 중문과에 입학하였고, 재학 중에 시를 창작하기 시작하였으며, 베이신(北新), 팡자(磅家)란 필명을 사용하기도 하였다. 1983년에 '청년시회'에 참가하였다. 1982년 전후로 연작시 〈베이징 인상(北京印象)〉, 〈희망호가 점차 기슭에 닿는다(希望号渐渐靠岸)〉 등이 독자들의 주목을 받기 시작했다. 1985년에 《시간》의 편집을 맡았고, 1992년에는 방문학자로 영국에 갔다가 1994년에 귀국한 뒤에 유럽 경험을 바탕으로 〈파스테르나크(帕斯捷尔纳克)〉, 〈카프카(卡夫卡)〉, 〈깨어나다(醒来)〉 등을, 1996년 이후에는 〈런던수필(伦敦随笔)〉, 〈상엿소리(挽歌)〉 등을 써서 새로운 시 탐색을 보여주었다. 베이징교육대학 중문과에서 교편을 잡았고, 현재는 인민대학 중문과 교수로 재직 중이다. 시집 《낭떠러지 위에서 유랑하며(游动悬崖)》, 《미완성의 시(未完成的诗)》 등을 출판했고, 이외에도 다수의 시론 수필집과 번역서가 있다. 왕자신은 2013년 10월 한국 제4회 창원KC국제시문학상을 수상하고 2017년 9월 평창에서 열린 한중일시인축제에 참가하는 등 한국과 깊은 인연을 갖고 있다.

바리끼노 서사곡

—— 파스테르나크에게

촛불이 타오르고 있다
겨울 속 시인은 글쓰기를 하고 있다.
러시아 전체가 지쳐,
또 한바탕의 눈보라가
그의 펜 끝에서 멈추니.
조용한 밤,
이 시각 누군가 깨어 있어,
누구라도 이 고통스런 세계의 아름다움과
순간적인 평안함에 놀랄지니.
어쩌면, 그대는 행복한 사람——
운명이 모든 것을 빼앗아 가,
소나무 책상 하나만 남아 있지만,
그것으로 충분하리라.
이 시대의 시인으로서 다른 요구는 없다.
아직 더욱 버거운 생활이 남아 있을진대,
깊은 잠에 빠진 아내,
고요한 겨울밤의 이 수심을,
쓰시게나, 시인이여, 불후의 푸시킨처럼
황금 같은 시구를 드러내시게,
고난을 음악으로 바꿀 수 있는……

촛불이 타오르고 있다,
촛불이 소나무 책상 위에서 타오르고 있다.
별안간, 펜 끝이 사각거리는 소리 복판에서
죽음과 같은 적막이 드러나
——눈 덮인 땅에서 들려오는 뭔가가 있어,
그처럼 처절하게,
불길하……
시인은 불안해지기 시작했다. 기쁨의 언어가
스스로의 리듬을 수축시킨다.
그러나 그가 어찌 이 시 가운데
이리떼 거친 숨소리가 섞여 드는 것을 참을 수 있을까?
그가 어떻게 죽음으로 하여금
영롱한 남색 빛을 띤 이 모든 것들을 범하게 할 수 있으랴?
펜이 저항하고 있지만,
시인이 옳다.
우리는 왜 이 엄혹한 시대에
아름다운 밤을 누릴 수 없을까?
왜 좀 편안히
우리의 글쓰기로 이 다가온 죽음을
좀 더 늦추면 아니 될까?

빛나는 별이 반짝반짝 도는 하늘,
예술이 모든 것보다 고상하다고 믿는 시인,
비극을 빼버린 고른음을 그에게 청하시게!
그가 잠들 때에,
소나무 책상 위에, 시 한 수가 이루어져 있겠지,
깔끔한 수예품처럼 예쁜……
촛불은 타오르고 있는데,
시인의 펜은 무겁게, 종이 위에서 쏜살같이 내달리고,
시구가 튀어 오른다,
운명의 깨우침을 건너뛴 채로.
하지만, 이리떼가 길게 울부짖으며,
이리떼 무리가 바짝 다가오고 있다.
시인이여! 어째서 저 처절한 목소리가
그대의 시 구절 속에 들어 가면 아니 되는가?
어째서 사람과 짐승의 목숨 건 싸움을
편안하지 못한 꿈속에 남기려는가?
순결한 시인이여! 그대가 시 속에서 생략한 것은,
생존의 한복판에서
더욱 흉악하게 드러날지니,
그것은 가지런히 번뜩이는 이리 이빨, 그것이

한 사람의 생활을 절단내버릴 것이니,
그것은 이미 그대를 위하여 가까운 곳에서 아가리를 벌리고 있다.
불길한 조짐!
연약하고 무능한 시 한 수가, 또 어떻게
저 거대한 공포를 줄일 수 있으랴?
시인은 펜을 내려놓았다.
눈송이 날리는 밤 깊은 곳에서, 어휘와
또 다른 어휘 사이에서 쉴 때,
이리의 울부짖음이 들려온다, 어찌할 도리 없는데
들려온다……
촛불은 타오르고 있지만,
우리가 어떻게 글쓰기를 할 수 있으랴?
언어가 사물의 심각함을 감당할 수 없을 때,
우리가 영원히 분명하게 말할 수 없을 때,
그 처절한 그 울부짖음은
바깥의 눈 덮인 들판에서 오는가, 아니면
우리의 마음속에서 오는가……

1989년 겨울, 베이징

瓦雷金诺叙事曲

—— 给帕斯捷尔纳克

蜡烛在燃烧，
冬天里的诗人在写作；
整个俄罗斯疲倦了，
又一场暴风雪
止息于他的笔尖下；
静静的夜，
谁在此时醒着，
谁都会惊讶于这苦难世界的美丽
和它片刻的安宁；
也许，你是幸福的——
命运夺去一切，却把一张
松木桌子留了下来，
这就够了。
作为这个时代的诗人已别无他求。
何况还有一份沉重的生活，
熟睡的妻子，
这个宁静冬夜的忧伤，
写吧，诗人，就像不朽的普希金
让金子一样的诗句出现，
把苦难转变为音乐……

蜡烛在燃烧，
蜡烛在松木桌子上燃烧；
突然，就在笔尖的沙沙声中
出现了死一样的寂静
——有什么正从雪地上传来，
那样凄厉，
不祥……
诗人不安起来。欢快的语言
收缩着它的节奏。
但是，他怎忍心在这首诗中
混入狼群的粗重鼻息？
他怎能让死亡
冒犯这晶莹发蓝的一切？
笔在抵抗，
而诗人是对的。
我们为什么不能在这严酷的年代
享有一个美好的夜晚？
为什么不能变得安然一点，
以我们的写作，把这逼近的死
再一次地推迟下去？

闪闪运转的星空,
一个相信艺术高于一切的诗人,
请让他抹去悲剧的乐音！
当他睡去的时候,
松木桌子上，应有一首诗落成,
精美如一件素洁绣品……
蜡烛在燃烧,
诗人的笔重又在纸上疾驰,
诗句跳跃,
忽略着命运的提醒。
然而，狼群在长啸,
狼群在逼近；
诗人！为什么这凄厉的声音
就不能加入你诗歌的乐章？
为什么要把人与兽的殊死搏斗
留在一个睡不稳的梦中？
纯洁的诗人！你在诗中省略的,
会在生存中
更为狰狞地显露,
那是一排闪光的狼牙，它将切断

一个人的生活，
它已经为你在近处张开。
不祥的恶兆！
一首孱弱的诗，又怎能减缓
这巨大的恐惧？
诗人放下了笔。
从雪夜的深处，从一个词
到另一个词的间歇中，
狼的嗥叫传来，无可阻止地
传来……
蜡烛在燃烧，
我们怎能写作？
当语言无法分担事物的沉重，
当我们永远也说不清，
那一声凄厉的哀鸣
是来自屋外的雪野，还是
来自我们的内心……

1989年冬，北京

간단한 자서전

나는 지금 시를 쓰고 있지만
나의 어릴 적 취미는 굴렁쇠 굴리기였지
혼자 방과 후 돌아오는 길에
금빛 저녁햇살 가운데
굴렁쇠를 산비탈 허리에서 힘껏 위로 밀었네
그런 다음에 데굴데굴 굴러 내려오는 것을 보다가
손으로 덥석 붙잡고
다시 힘껏 산꼭대기로 밀었지
이러기를 한 차례, 또 한 차례——

지금 나는 이미 여러 해 동안 시를 썼지만
그 사내아이는 여전히 그 굴렁쇠를 굴리고 있네
그는 여전히 그 산비탈 위에서 밀고 있네
그는 여전히 소리 없이 외치고 있네
그의 등에는 이미 날개가 자랐지만
나는 글쓰기를 하다가 멈추었지
아마도 나는 기다리고 있을 걸세
그 반짝반짝 빛나는 굴렁쇠가 산꼭대기에서
곧장 깊은 골짜기 속에 떨어질 때
내는 메아리를

나는 그 가장 깊은 울부짖음 소리를 기다리고 있네

2004년

简单的自传

我现在写诗
而我早年的乐趣是滚铁环
一个人，在放学的路上
在金色的夕光中
把铁环从半山坡上使劲往上推
然后看着它摇摇晃晃地滚下来
用手猛地接住
再使劲地往山上推
就这样一次，又一次——

如今我已写诗多年
那个男孩仍在滚动他的铁环
他仍在那面山坡上推
他仍在无声地喊
他的后背上已长出了翅膀
而我在写作中停了下来
也许，我在等待——
那只闪闪发亮的铁环从山上
一路跌落到深谷里时
溅起的回音？

我在等待那一声最深的哭喊

2004年

전원시

그대가 베이징 교외 시골길을 천천히 거니노라면
양떼를 자주 마주치게 될 것이네
녀석들은 녹지 않는 눈처럼, 부풀어 올라 터진 꽃망울처럼
들판에 흩어져 있거나
아니면 둥글게 웅크리고 도로를 건너다가 고함치는 소리에
먼지 날리는 도랑으로 굴러 떨어진다네

난 이제껏 녀석들을 눈 여겨 본 적이 없네
언젠가 한번 운전하다 트럭 뒤까지 다가가기 전까지는
눈송이 휘날리는 어느 날 오후
난 처음으로 녀석들의 눈을 똑똑히 보았지
(녀석들도 위쪽에서 나를 보고 있었네)
그렇게 유순하고, 그렇게 조용히
자신들이 어디로 데려가지는지 전혀 모르는 것처럼
다가가는 나에게 심지어
다소 어린아이 같은 호기심을 가진 것처럼

나는 차의 속도를 줄여
녀석들이
점점 커져지는 눈송이 속에서 사라져가는 것을 보았네

2004년, 베이징

田园诗

如果你在京郊的乡村路上漫游
你会经常遇见羊群
它们在田野中散开，像不化的雪
像膨胀的绽开的花朵
或是缩成一团穿过公路，被吆喝着
滚下尘土飞扬的沟渠

我从来没有注意过它们
直到有一次我开车开到一辆卡车的后面
在一个飘雪的下午
这一次我看清了它们的眼睛
（而它们也在上面看着我）
那样温良，那样安静
像是全然不知它们将被带到什么地方
对于我的到来甚至怀有
几分孩子似的好奇

我放慢了车速
我看着它们
消失在愈来愈大的雪花中

2004年，北京

아들과 함께 술잔을 기울이며

쉰 살 넘은 사람에게 무슨 큰 포부가 있으랴
그의 꿈은 오랫동안 헤어졌던 장성한 아들과
함께 앉아 술 한 잔 기울이는 것일 뿐
두 잔이 함께 부딪히네
이는 바로 그들이 포옹하는 방식이자
그들이 화해하는 방식
그런 다음에 아무 것도 말하지 않네
아들이 몸을 일으켜 한 잔 더 가지러 갈 때
아버지는 멍하니 술잔 언저리의 거품이
술잔 바닥으로 흘러내리는 것을 바라보네.

2007년 12월, 미국

和儿子一起喝酒

一个年过五十的人还有什么雄心壮志
他的梦想不过是和久别的
已长大的儿子坐在一起喝上一杯
两只杯子碰在一起
这就是他们拥抱的方式
也是他们和解的方式
然后，什么也不说
当儿子起身去要另一杯
父亲，则呆呆地看着杯沿的泡沫
流下杯底。

2007年12月，美国

와이링딩 섬 기행

와이링딩 섬은 움직일 수 없는 배처럼
영원히 그곳에 정박해 있고

파도소리가 그 암석의 뱃머리를 두드리네

소나무
야자나무
이름 모를 꽃과 풀들이
그 바위틈에서 자라나고

방랑자의 시에도
아마 갈라진 틈새로 가득 하리니

그리하여 배 위에서의 논쟁이
부둣가의 식탁에까지 계속 이어지네

우리는 모두 다른 해석 속에서
노를 젓고

2012년 6월, 주하이

外伶仃岛记行

外伶仃岛像一只走不动的船
永远抛锚在那里

涛声，拍打着它岩石的船舷

松树
椰子树
无名的花草
从它的石缝长出

在一个流亡者的诗中
或许也充满了裂缝

因而船上的争论会一直延续到
码头边的饭桌上

我们都在歧义中
划桨

2012年6月，珠海

시어 주석

瓦雷金诺 Wăléijīnnuò 바리끼노(bariggino)는 파스테르나크의《닥터 지바고(日瓦戈医生)》에 등장하는 지명이다. 러시아 정치권의 지식인 숙청을 피해 지바고 일가가 피난한 고장이다.

帕斯捷尔纳克 파스테르나크(Boris Leonidovich Pasternak, 1890-1960), 러시아의 시인이자 작가,《닥터 지바고》로 1958년 노벨문학상 수상자가 되었지만 정치적 압박으로 인해 수상을 거부하였다.

普希金 푸시킨(Aleksandr Seraggvitch Pushkin, 1799-1837), 러시아의 작가, 시인, 극작가이다. 작품에《청동의 기사(Mednyi Vsadnik(1833)》(1833),《벨키나의 이야기(Povest Velkina)》(1834), 러시아 리얼리즘 문학을 연《대위의 딸(Kapitanskays Dochka》(1836) 등이 있다.

节奏 jiézòu 리듬, 박자

粗重 cūzhòng 거칠다, 굵직하다, 투박하다

冒犯 màofàn 범하다, 무례한 짓을 하다

乐音 yuèyīn 고른음, 악음. 소음이나 잡음과 상대적인 의미에서, 소리를 내는 물체에 규칙적인 진동으로 생긴 고정적인 높이를 갖는 음(소리)를 가리킨다. 예를 들면 악기를 연주하는 소리, 방송하는 음악은 모두 고른음이다.

恶兆 èzhào 불길한 조짐, 흉조

自传 zìzhuàn 자서전

滚铁环 gǔn tiěhuán 굴렁쇠를 굴리다, 굴렁쇠 굴리기 놀이, 굴렁쇠 굴리기

使劲 shǐjìn 힘껏, 힘을 쓰다

翅膀 chìbǎng 날개

回音 huíyīn 메아리, 반향

田园诗 tiányuánshī 전원시, 중국의 고전시의 한 갈래로, 남북조(南北朝)의 사령운(谢灵运, 385-433)에게서 시작되었고, 진대(晋代)의 도연명(陶渊明, 365-427), 당대(唐代)의 왕유(王维, 701-761), 맹호연(孟浩然, 689-740) 등의 시풍이다. 벼슬길에서 벗어나 자연산수의 경치, 시골 생활의 모습과 정취를 담아냈다.

漫游 mànyóu 거닐다, 자유롭게 유람하다, 기분 나는 대로 노닐다.

膨胀 péngzhàng 부풀어 오르다, 팽창하다, 부풀다

缩成一团 suōchéngyìtuán (추위나 두려움 때문에 몸을) 둥글게 웅크리다

吆喝 yāohe (주로 물건을 팔거나, 가축을 몰거나 큰 소리로 부르거나 명령을 내리는 경우에)소리치다, 소리를 지르다, 고함치다, 큰 소리로 외치다.

温良 wēnliáng 온순하다, 따뜻하고 선량하다

好奇 hàoqí 호기심, 신기한 것을 좋아하다

雄心壮志 xióngxīn zhuàngzhì 큰 포부, 웅장한 이상과 포부

梦想 mèngxiǎng 몽상, 헛된 생각, 망상

和解 héjiě 화해, 화해하다

泡沫 pàomò 거품, 포말

外伶仃岛 Wàilíngdīngdǎo 와이링딩 섬은 광둥성 완산군도(万山群岛) 속의 섬으로 주하이시(珠海市) 관할인데, 명승지로도 이름이 있다. 주삼각(珠三角) 지역에서 남태평양으로 들어가는 항로의 길목이다.

涛声 tāoshēng 파도소리

船舷	chuánxián	뱃머리
流亡	liúwáng	방랑하다, 유랑하다, 망명하다
裂缝	lièfèng	갈라진 틈새, 균열, 틈
歧义	qíyì	다른 해석, 다른 뜻

해설

왕자신(王家新)의 아버지는 중학교 어문교사였고, 어머니는 초등학교 어문교사였지만, 문화대혁명 때에 친가와 외가가 모두 '지주' 출신으로 분류 당하면서 정치적으로 박해를 받았다. 어문교사였던 부모님과 문화대혁명 시기의 경험이 그의 시 창작에 어느 정도 영향을 미쳤다고 할 수 있다. 그가 태어났을 때에 '네 가지 낡은 것을 타파하고 네 가지 새로운 것을 창조하자(破四旧, 立四新)'는 슬로건이 유행한 시기였으므로 외할아버지가 '家新'으로 이름을 지은 것이라고 한다.(외할아버지는 문화대혁명 때에 박해를 받고 목매달아 자살하였다.)

왕자신은 '신생대(新生代)'의 주요 시인으로, 몽롱시 이후 가장 영향력을 가진 시인으로, 또 '지식인창작(知识分子写作)'의 대표 시인으로 평가된다. 그의 시 〈산의 저편(在山的那边)〉(《长江文艺》 제5기, 1981)은 중학교 1학년 어문 교과서에, 〈파스테르나크〉(《花城》 제2기, 1991)는 고등학교 2학년 어문 교과서에 수록되기도 하였다. 시풍의 잦은 변화로 인하여 평론가마다 왕자신에 대한 평가가 다를 수 있지만, 그가 1990년대 시단을 대표하는 시인이라는 점에서는 모두 일치하여 인정한다. 베이징대학의 우샤오둥(吴晓东)은 그를 '어휘의 뿌리를 찾는' 시인으로 평가했다.(《王家新的诗》, 人民文学出版社, 2001)

〈바리끼노 서사곡〉은 부제에서 썼듯이 파스테르나크(Boris Leonidovich Pasternak, 1890-1960)에게 바치는 헌시이자 시인 자신의 창작에 대한 의지를 재다짐 하는 시이다. "촛불이 타오르고 있다"는 각 연의 중복된 서두와 '겨울', '눈보라' 등의 어휘에서 드러나는 것처럼 이 시는 1989년 겨울에 창작되었다. 이 시는 극단적인 정치 체제 아래서 박해 받은 이국 작가의 이야기를 통해서 1989

년 중국의 현실과 시인적 성찰을 암시한 것이다. 파스테르나크는 구소련의 정치 체제 아래서 가장 불행하게 살다간 작가로서 소설《닥터 지바고》를 써서 한국 독자에게도 널리 알려져 있다. 그는 1958년에 노벨문학상 수상자로 선정되었으나 당국이 시민권을 박탈하고 추방을 명령하자, "조국을 떠난다는 것은 죽음"이라는 말로 수상을 거부하였다. 왕자신은〈해석 밖에서, 당대 시학적인 담론 분석(阐释之外——当代诗学的一种话语分析)〉(《文学评论》 제2기, 1997)이란 글에서 "창작자의 순수한 예술과 진실한 운명 사이에 빠진 딜레마를 구현하기 위해서〈바르끼노 서사곡〉이란 시를 쓴 것"이라고 말했다.(《中国诗歌九十年代备忘录》, 人民文学出版社, 2000)

왕자신은 파스테르나크 등 이국 작가의 문학과 영혼의 교감을 나누었고, 또 때로 어린 시절의 '순수한' 경험을 집요하게 끄집어내서 개인경험 뒤의 시적 자아와 주제를 드러낸다.〈간단한 자서전〉도 어린 시절의 어떤 상황을 진술한 작품이다. 굴렁쇠를 굴리는 사내아이는 끊임없이 바위를 산 위로 미는 시지포스(Sisyphos)처럼 이상을 영원히 포기하지 않는다. 이 아이의 형상은 온갖 고난에도 글쓰기를 멈추지 않는 시인의 모습과 겹쳐진다.〈간단한 자서전〉의 한 행으로 된 마지막 행의 "가장 깊은 울부짖음 소리"는 굴렁쇠가 산꼭대기에서 곧장 깊은 골짜기 속에 굴러 떨어질 때에 나는 메아리이다. 이것은 굴렁쇠가 정상궤도를 이탈할 때에 내는 충격적이고 돌발적인 소리이다. 그 이유는 아이의 힘이 미치지 못하는 불가항력적일 수도 있고, 시인에게는 글쓰기를 멈추게 한 결정적인 일일 수 있다. 시인의 귀에는 굴렁쇠가 정상을 향해 거꾸로 굴러가는 소리와 비탈을 따라 굴러 내려오는 소리가 낯익은 소리가 된 것은 아닐까. 굴렁쇠가 굴러가지 않고, 또 순행이든 역행이든 굴러가는 소리를 내지 않으면, 아이는 굴렁쇠를 더 이상 굴리지 못해서, 시인은 글쓰기를 더 이상 할 수 없어서 좌절하고 상처를 입을 것이다. 어느 한 순간에 시인은 글쓰기를 멈춘다. 펜이 종이를 긁는 소리조차도 들리지 않는다. 시인은 굴렁쇠가 궤도를 이탈하면서 돌발적으로 굉음이 울릴 때를 가슴을 조이며 숨을 죽이면서 조마조마하게 기다리고 있다. 독자도 아마 시인이 느끼는 폭풍 전야와 같은 '두려움'과 '곤혹'에 전염될 것이다. 만약 왕자신의 아이가 시적 화자로 등장하는 시를 '어린 시절의 순수한 경험 제재'이며, '동화적이고 교훈적'이라는 말로 평가한다면 그것은 시적 세계에 대한 피상적이고 단순한 평가가 될 것이다.

于坚

상이거리 6호
먼 곳의 벗
작품 57호
깊은 밤 윈난(云南)의 아스라한 구석에서
햇빛은 내가 나뭇잎들을 관찰하는 것을 방해했네
코끼리

尚义街六号
远方的朋友
作品57号
在深夜云南遥远的一角
阳光破坏了我对一群树叶的观看
大象

위젠

위젠(于坚, 1954-)은 윈난성(云南省) 쿤밍(昆明)에서 태어났다. 그는 열네 살 때에 학업을 중단했고, 열여섯 살 때부터 전기용접, 짐꾼, 선전간부, 농장일꾼을 전전했으며 윈난고원과 중국 각지를 돌아다녔다고 한다. 20세 때부터 시를 쓰기 시작하였고, 25세 때부터 작품을 발표했다. 그의 시는 토속적이고 서민적이며, 쉽고 담담한 시어 속에서 이따금 자신이 잘 아는 세계와 철학에 대한 인식을 내비친다. 1984년에 윈난대학(云南大学) 중문과를 졸업했고, 한둥(韩东, 1961-), 딩당(丁当, 1962-) 등과 함께 민간 간행물인 《그들(他们)》을 창간했다. 윈난성 문련에 재직했다. 주요 작품으로는 〈아버지께 감사드립니다(感谢父亲)〉, 〈강의 흐름(河流)〉, 〈작품 제100호(作品第100号)〉, 〈비를 피하는 나무(避雨之树)〉, 〈작품 제39호(作品第39号)〉, 〈상이거리 6호(尚义街六号)〉 등이 있다. 시집 《시 60수(诗六十首)》(1989), 《까마귀 한 마리에 대한 명명(对一只乌鸦的命名)》(1993), 《하늘을 뚫고나간 못 한 개(一枚穿过天空的钉子)》(1999) 등과 수필집 《종려피수기(棕皮手记)(1997), 《인간필기(人间笔记)》(1998) 등을 출판했다. 2016년 9월 한국의 김달진 문학제에 참석하여 시낭송을 한 바 있다.

상이거리 6호

상이거리 6호
프랑스풍 옐로우하우스
우(吴)씨의 바지가 2층에 널려는데
외마디 소리를 지르며　사타구니 밑에서 안경을 낀 머리통이 뚫고 나온다
이웃집의 공중변소
매일 아침마다 긴 장사진이 펼쳐저
우리는 늘 황혼에 왕림한다
통조림 속으로 밀려들어간 떼거리
담뱃갑을 여니　많고 많은 날의 마음속 일들이 열리고
인파 속에서 가져온 적막이 열린다
벽장 위 위젠(于坚)의 그림이 못에 걸려 있는데
많은 사람들이 그렇지 않다고 하면서도
그들은 반 고흐만 안다
카(卡)씨의 셔츠　걸레 한 뭉치로 돌돌 말아
우리는 그것을 갖고 손에 묻은 과즙을 닦는다
그가 음란서적을 펼쳐 본다
나중에 그가 연애를 하게 되자
종종 쌍쌍이 온다
여기서 싸우고　여기서 시시덕거리다가
그들은 어느날 결별을 선언했다

친구들은 한동안 느긋이　즐거워한다
이튿날 그가 또 결혼 청첩장을 보내오니
모두 말끔하게도 차려입는다　피로연에 간다
탁자 위에는 늘 주샤오양의 친필원고가 널려 있는데
삐뚤빼뚤한 글자들
그 잡종이 경찰같이 우리의 눈을 묶어둔다
그 핏발선 두 눈을 마주보며
좋게 말하면 그에게 얕보일까 걱정이라 말하그
나쁘게 말하면 또 그것이 불통을 튈까 걱정이라 했다
우리는 할 수 없이 애매하게 말할 뿐
유행하는 어떤 시처럼
리보의 슬리퍼가 페이자의 가죽구두를 밟고 있는데
발가락에 우씨의 베개수건을 감싸고 있다
그는 이미 유명해져서　파란 가죽 회원증이 있다
그는 항상 위쪽에 누워서
우리에게 구두를 어떻게 신어야 하고
소변을 어떻게 봐야 하며　반바지를 어떻게 빨아야 하고
배추를 어떻게 볶아야 하며　잠은 어떻게 자야하는가 따위를 알려준다
82년에 그는 베이징에서 돌아왔는데
모양새가 전보다 침착해졌다

그가 문단의 내막을 말하니
말투가 저명한 작가 같다
찻물은 우씨의 것　시계는 우씨의 것
마루는 우씨의 것　이웃은 우씨의 것
며느리는 우씨 며느리　위장약은 우씨의 것
가래 담배 공기 친구　우씨의 것
창녀가 없는 도시
숫총각들이 노련하게 여자에 대해 말하고 있다
우연히 치마들이 들어왔는데
모두 단추를 잘 채우고 있다
그 나이에 우리들은 모두 치마를 뚫고 들어가기를 목말라 했지만
또 허리를 굽히려 하지 않았다
위젠은 아직 유명해지지 못하여
매번 다 교훈을 받고
낡은 신문지상에
많고 많은 의미심장한 필명을 썼다
어떤 사람이든 모두 다 그를 두려워한다
그는 어디어디서 일하는데
"그가 온 것은 속셈이 있어서야,
우리 아무것도 말하지 말자!"

어떤 때는 날씨가 좋지 않는데
살다보면 종종 재수가 없다
우리는 페이자의 최근작을 공격하고
주샤오양(朱小羊)을 거장이라 칭하니
나중에 이 양(羊)이 돈지갑을 더듬으며
우물우물　그 말을 둘러댄다
즉시 해죽이 웃으며 일어날 뿐
그 때는 지혜의 시대
많고 많은 말이 만약 녹음된다면
명저 한 권을 내도 될듯
그때는 떠들썩한 시대
많고 많은 얼굴이 다 여기에 나타나니
오늘 당신이 시내로 가서 물어보게나
그들 모두 명성이 자자한가
밖에는 가랑비가 내리고 있고
우리는 거리로 왔는데
텅 빈 공중변소
그는 처음으로 혼자 사용한다
몇몇 사람이 결혼했고
몇몇 사람이 유명해졌다

몇몇 사람이 서부로 가려했고
우씨도 서부로 가려한다
모두 그가 경골한인 척한다고 욕하면서도　속으로 두렵고 불안해한다
우원광　네가 가면
오늘밤 나는 어딜 가서 공밥을 먹냐
은혜와 원한　시끌벅쩍
모두 마침내 뿔뿔이 흩어지고
텅 빈 마루 덩그러니 남았다
낡은 음반 한 장처럼　더는 소리를 내지도 않는다
다른 장소에서
우리는 늘 상이거리 6호를 거론한다
여러 해 뒤 어느 날
아이들이 참관하러 올 거라 한다
장칭궈 등이 들었는데
속으로 아주 시샘하면서도　표정은 아주 자연스럽다
젊은 시절에 왜 우원광을 몰랐을까
그날 저녁에　그들은 침대 널판자 위에서 생각했다

尚义街六号

尚义街六号
法国式的黄房子
老吴的裤子晾在二楼
喊一声　胯下就钻出戴眼镜的脑袋
隔壁的大厕所
天天清早排着长队
我们往往在黄昏光临
一群涌进罐头盒的臭鱼
打开烟盒　打开许多天的心事
打开从人海中带来的寂寞
墙上钉着于坚的画
许多人不以为然
他们只认识梵·高
老卡的衬衣　揉成一团抹布
我们用它拭手上的果汁
他在翻一本黄书
后来他谈恋爱了
常常双双来临
在这里吵架　在这里调情
有一天他们宣告分手

朋友们一阵轻松　很高兴
次日他又送来结婚的请柬
大家也衣冠楚楚　前去赴宴
桌上总是摊开朱小羊的手稿
那些字乱七八糟
这个杂种警察样地盯牢我们
面对那双红丝丝的眼睛
说好怕被它轻视
说坏又怕它迸出火星
我们只好说得朦胧
像一首时髦的诗
李勃的拖鞋压着费嘉的皮鞋
脚丫裹着老吴的枕巾
他已经成名了　有一本蓝皮会员证
他常常躺在上边
告诉我们应当怎样穿鞋子
怎样小便　怎样洗短裤
怎样炒白菜　怎样睡觉　等等
八二年他从北京回来
样子比过去深沉

他讲文坛内幕
口气像著名作家
茶水是老吴的 电表是老吴的
地板是老吴的 邻居是老吴的
媳妇是老吴的 胃舒平是老吴的
口痰烟头空气朋友 是老吴的
没有妓女的城市
童男子们老练地谈着女人
偶尔有裙子们进来
大家就扣好纽子
那年纪我们都渴望钻进一条裙子
又不肯弯下腰去
于坚还没有成名
每回都被教训
在一张旧报纸上
他写下许多意味深长的笔名
有一人大家都很怕他
他在某某处工作
“他来是有用心的，
我们什么也不要讲！”

有些日子天气不好

生活中经常倒霉

我们就攻击费嘉的近作

称朱小羊为大师

后来这只羊摸摸钱包

支支吾吾 闪烁其辞

八张嘴马上笑嘻嘻地站起

那是智慧的年代

许多谈话如果录音

可以出一本名著

那是热闹的年代

许多脸都在这里出现

今天你去城里问问

他们都大名鼎鼎

外面下着小雨

我们来到街上

空荡荡的大厕所

他第一回独自使用

一些人结婚了

一些人成名了

一些人要到西部

老吴也要去西部

大家骂他充硬汉子　心中惶惶不安

吴文光 你走了

今晚我去哪里混饭

恩恩怨怨　吵吵嚷嚷

大家终于走散

剩下一片空地板

像一张旧唱片　再也不响

在别的地方

我们常常提到尚义街六号

说是很多年后的一天

孩子们要来参观

张庆国等人听了

心里很嫉妒　表情很自然

早年怎么不认识吴文光

那天晚上　他们在床板上想

먼 곳의 벗

먼 곳의 벗
내 그대의 편지를 읽었네
그대가 어떤 생김새인지　나는 생각하고 또 생각했네
기껏해야 바로 아무개처럼 생겼겠지
어느 날 그대가 나를 찾아올 때를 생각하면
아무래도 좀 걱정스럽네
나는 우리가 할 말이 없을까 두렵네
얼굴을 보자마자 꿍꿍이를 품지 않을까
우세를 차지하고 싶어
우리가 잠자코 말을 하지 않을까 두렵네
해야 할 말은 모두 이미 다 말했고
여기든 거기든 간에
모두 같은 날을 보내는 것
여기든 거기든 간에
모두 같은 소설을 보는 것
나는 국가대사를 말할 수 없을까 두렵네
가물가물 졸린 그대를 마주하고　하품을 참으며
나는 그대의 유머를 알아듣지 못할까 두렵네
어안이 벙벙해서　꼭두각시처럼
나는 그대가 어엿하고　풍채가 멋스러울까 두렵네

나를 놀래 얼어붙게 해
소맷부리로 찻잔을 쓸어 넘어뜨리고
담배꽁초에 손가락을 델까봐 두렵고
나는 그대가 공손하고　점잖고 예의 바를까 두렵네
내 눈이 어디를 봐야할지 모르게 하고
말도 늘 잘못 알아듣고
잠깐은 허벅지를 문지르다
잠깐은 귀를 붙잡기도 하겠지
먼 곳의 벗
벗을 사귀기란 쉽지 않아
만약 그대가 나의 문을 한 발로 차서 열고
크게 "나는 아무개야!" 하고 외친다면
나도 한 마디 할 수밖에
나는 위젠일세.

1986년 5월

远方的朋友

远方的朋友
您的信我读了
你是什么长相　我想了想
大不了就是长得像某某吧
想到有一天你要来找我
不免有些担心
我怕我们无话可说
一见面就心怀鬼胎
想占上风
我怕我们默然不语
该说的都已说过
无论这里还是那里
都是过一样的日子
无论这里还是那里
都是看一样的小说
我怕我讲不出国家大事
面对你昏昏欲睡　忍住呵欠
我怕我听不懂你的幽默
目瞪口呆　像个木偶
我怕你仪表堂堂　风度翩翩

吓得我笨脚苯手
袖口扫倒茶杯 烟头烫了指头
我怕你客客气气 彬彬有礼
叫我眼睛不知该看哪里
话也常常听错
一会儿搓搓大腿
一会儿抓抓耳朵
远方的朋友
交个朋友不容易
如果你一脚踢开我的门
大喝一声："我是某某！"
我也只好说一句：
我是于坚。

1986年5月

작품 57호

나는 그 우람한 산봉우리들과 여러 해 동안 함께 살았네
그 산봉우리들 밖은 매의 영공
그것들이 나와 매를 더욱 가깝게 했지
한번 내가 바위가 겹겹이 쌓인 산꼭대기로 올라갔을 때
고향은 단지 가느다란 밥 짓는 연기 한 가닥뿐인 걸 발견했네
수많은 높은 산들이 짙푸른 하늘 아래서 용솟음치고
뭇 산과 뭇 계곡을 마주하고　나는 크게 외쳤네
자신의 메아리를 듣고 싶었지만　그것은 바람이 불어 꺼졌지
바람은 나에게 불어왔고　수많은 산언덕에 불어오니
태양이 빛을 잃었고　매가 뒤집혀 떨어졌는데　산은 끄덕도 하지 않았지
나는 부들부들 떨면서 새파랗게 질린 바위에 바짝 붙었네
바람을 맞아 휘어진 백초 한 포기처럼
뒤에 어두운 밤이 깃드니
봉우리들은 마치 위대한 교부들처럼
나를 침묵하게 했네　달빛 한 줄기를 따라
나는 높은 산에서 내려 왔네
나는 강물의 가장 깊은 곳을 알고
나는 높은 산의 가장 험준한 곳을 아네
나는 침묵의 힘을 알아
그 산봉우리들이 나를 만들었다네

그 청동기 같은 산봉우리들이
나에게 영원히 높은 곳에 대해
첫 사랑 같은 격정을 품게 했네
나에게 영원히 묵묵히 오르는 것을 좋아하게 하고
기세가 드높은 풍경을 좋아하게 했지
산언덕이 없는 곳에서
나도 세상을 굽어보네

1984년

作品57号

我和那些雄伟的山峰一起生活过许多年头
那些山峰之外是鹰的领空
它们使我和鹰更加接近
有一回我爬上岩石垒垒的山顶
发现故乡只是一缕细细的炊烟
无数高山在奥蓝的天底下汹涌
面对千山万谷　我一声大叫
想听自己的回音　但它被风吹灭
风吹过我　吹过千千万万山冈
太阳失色　鹰翻落　山不动
我颤抖着贴紧发青的岩石
就像一根被风刮弯的白草
后来黑夜降临
群峰像一群伟大的教父
使我沉默　沿着一条月光
我走下高山
我知道一条河流最深的所在
我知道一座高山最险峻的地方
我知道沉默的力量
那些山峰造就了我

那些青铜器般的山峰
使我永远对高处怀着一种
初恋的激情
使我永远喜欢默默地攀登
喜欢大气磅礴的风景
在没有山冈的地方
我也俯视着世界

1984年

깊은 밤 원난의 아스라한 구석에서

깊은 밤　원난의 아스라한 구석
어둠 속의 국도가　난데없이 자동차의 빛에
밝아지네. 산토끼 아니면 다람쥐 한 마리
눈밭에서 허겁지겁 지나가　도주범인 양
베를린 장벽을 넘어갔거나　아니면
멈춰 서서　붉은 주둥이를 벌리고 은밀하게 웃네
긴 귀　방금 돋아난 듯
마음속에 영감의 빛 번뜩이니　좀 재미있게
이를 빌어 말을 꺼낼 수 있으리라 여겼는데　결국 말이 없네
또 다른 한 번　또 다른 토끼 한 마리
도로 옆에서 유령처럼 번쩍하고 나타났는데
뒤로는 스토리가 없다네

1999년 10월 29일

在深夜云南遥远的一角

在深夜　云南遥远的一角
黑暗中的国家公路　忽然被汽车的光
照亮　一只野兔或者松鼠
在雪地上仓惶而过　像是逃犯
越过了柏林墙　或者
停下来　张开红嘴巴　诡秘地一笑
长耳朵　像是刚刚长出来
内心灵光一闪　以为有些意思
可以借此说出　但总是无话
直到另一回　另一只兔子
在公路边　幽灵般地一晃
从此便没有下文

1999年10月29日

햇빛은 내가 나뭇잎들을 관찰하는 것을 방해했네

햇빛은 내가 나뭇잎들을 관찰하는 것을 방해했네
단순한 나무　나무로서 나무들 속에서 자랐지
하지만 햇빛이 나무 한 그루의 차이점을 만들어
동일한 전체 속의 나뭇잎　그것에 의해 어두운 구역
밝은 구역　반은 밝고 반은 어두운 구역으로 분열됐네
저수지에 군림하는 사자 한 마리　온전한 금빛의 곱슬곱슬한 털
온전한 형상으로 그림되지 않은 것처럼
햇빛이지 사자가 아닐세　4월의 파란 하늘 속에서
해의 맑게 갠 시각의 권력을 행사하는
형체를 갖춘 유칼립투스 한 그루가 사라졌네　지금
"나무 한 그루는 단지 나무 한 그루에 그치지 않아"
그 대지에서 하늘로 솟아 오른 피라미드형 목재
최소한 세 가지 상징을 갖네　광명 혹은 어둠에 대한 암시
밀고자와 반역자　둘 사이에서의　동요

1994년 4월

阳光破坏了我对一群树叶的观看

阳光破坏了我对一群树叶的观看
单纯的树　作为树生长于树之中
但阳光在制造一棵树的区别
同一整体中的叶子　被它分裂成阴暗的区域
明亮的区域　半明半暗的区域
像一头君临水池的狮子　整一的金黄色卷毛
并未涂抹出整一的图像
是阳光而不是狮子　在四月蓝色的天空中
行使一个太阳在晴朗时刻的权力
一棵具体的桉树消失了　现在
“一棵树不止是一棵树”
那从大地升起到天空中的金字塔形木料
至少有三种象征　暗示光明或者黑暗
告密者和叛徒　在二者之间　摇摆

1994年4月

코끼리

대지보다 높이　아시아의 먼지를 이끌면서
망토를 걸친 채로　까마득한 국왕이 서 있는 시쐉반나와 라오스 경계
밀림의 뒷배경　조물주가 그 형상을 만드니
비극적인 얼굴을 부여하고　다이아몬드를 우울한 눈까풀 아래
숨겨주었네
이빨은 반쪽 초승달로 장식하고　주름 속에는 고대의 불경을 숨겨
두었네
커다란 물갈퀴는 인쇄용 활판처럼 무겁고　조상의 영토를 살펴보는데
움직일 수 없는 증거인 긴 코가 좌우 사이에서 우물쭈물하고
밀림을 지나갈 때 일찍이 강물 깊은 곳에 잠복해 있는 사자 무리를
깨웠었네
그것은 실패의 신　황혼의 시간을 향하니
영원한 안개에 틈이 생기고 있고　적재량이 무너져　뒤로 물러나고
있네
늘어뜨린 커다란 귀　어둠 속에서 한 걸음 한 걸음 작아져 가네
갠지스 강의 무수한 모래알이 될 때까지

2011년 9월 3일 토요일

大象

高于大地　领导亚细亚之灰
披着袍　苍茫的国王站在西双版纳和老挝边缘
丛林的后盾　造物主为它造像
赐予悲剧之面　钻石藏在忧郁的眼帘下
牙齿装饰着半轮新月　皱褶里藏着古代的贝叶文
巨蹼沉重如铅印　察看祖先的领土
铁证般的长鼻子在左右之间磨蹭
迈过丛林时曾经唤醒潜伏在河流深处的群狮
它是失败的神啊　朝着时间的黄昏
永恒的雾在开裂　吨位解体后退着
垂下大耳朵　在黑暗里一步步缩小
直到成为恒河沙数

2011年9月3日星期六

시어 주석

黄房子 huángfángzi 옐로우하우스, 노란 집

梵·高 반 고흐(Vincent van Gogh, 1853-1890), 네덜란드의 인상파 화가로서 주로 프랑스 남부에서 활동했고, 20세기 초 야수파의 원조로 일컬어진다.

请柬 qǐngjiǎn 결혼청첩장, 초대장

费嘉 Fèi-Jiā 페이자(1957-2014), 시인이자 작가, 본적은 쓰촨(四川)이고, 쿤밍(昆明)에서 태어났다. 1990년《페이자서정시 100수(费嘉抒情诗百首)》를 출판했고, 중국작가협회 회원, 윈난작가협회(云南作家协会) 이사, 쿤밍작가협회(昆明作家协会) 부주석을 역임했다.

蓝皮会员证 lánpí huìyuánzhèng 파란 가죽 회원증

胃舒平 wèishūpíng (위산과다에 복용하는) 위장약

纽子 niǔzi 단추, 손잡이 끈

大名鼎鼎 dàmíngdǐngdǐng 명성이 자자하다, 이름이 높이 나다

吴文光 Wú-Wénguāng 우원광(1956-), 다큐멘터리감독

混饭 hùnfàn 공밥을 먹다, 밥벌이하다, 그럭저럭 어울려 살아가다

张庆国 Zhāng-Qìngguó 장칭궈, 작가, 윈난 쿤밍(昆明) 사람이고, 중국작가협회 회원이며, 쿤밍작가협회 부주석이다. 쿤밍《뎬츠(滇池)》문학월간의 집행 편집장이다.

长相 zhǎngxiàng (얼굴의) 생김새, 용모

鬼胎 guǐtāi 꿍꿍이, 남에게 말 못할 나쁜 생각

昏昏欲睡 hūnhūnyùshuì 가물가물 졸다, 혼혼하여 졸리다

幽默 yōumò 유머, 해학, 익살

木偶 mù'ǒu 꼭두각시, 괴뢰, 나무인형

客客气气 kèkèqìqì 공손하다, 겸손하다, 정중하다

彬彬有礼 bīnbīnyǒulǐ 점잖고 예의 바르다, 공손하다

雄伟 xióngwěi 우람하다, 웅장하다

奥蓝 àolán 질푸르다

颤抖 chàndǒu 부들부들, 와들와들, 벌벌 떨다

白草 báicǎo 백초

教父 jiàofù 교부, 대부

仓惶 cānghuáng 허겁지겁, 황급하다, 당황하다

逃犯 táofàn 도주범, 탈주범

柏林墙 Bólínqiáng 베를린 장벽(Berliner Mauer), 1961년 8월 12일에서 1989년 11월 9일까지 28년 동안 동베를린 및 등독의 기타 지역과 서베를린을 격리시키기 위해 설치되었던 장벽이다.

诡秘 guǐmì 은밀하다, 묘연하다

下文 xiàwén (일의) 진전이나 결과, 다음 문장

君临 jūnlín 군림하다, 통치하다, 도래하다

桉树 ānshù 유칼립투스(Eucalyptus globulus)

金字塔 jīnzìtǎ 피라미드, 금자탑, 불멸의 업적

亚细亚 Yàxìyà 아시아

西双版纳 Xīshuāng Bǎnnà 시솽반나, 시솽반나타이족자치주(西双版纳傣族自治州), 윈난성 관할 소수민족자치주로 윈난성 가장 남단에 위치한 윈난성 관할 소수민족자치주이다.

老挝 Lǎowō　라오스(Laos), 수도는 비엔티안(Vientiane, 万象)

后盾 hòudùn　뒷받침, 배경, 후원

贝叶文 bèiyèwén 불경, '잎사귀 위에 쓴 문자'라는 뜻이다.

恒河沙数 hénghéshāshù 갠지스 강(Ganges River)의 무수한 모래알, 무한히 많아서 셀 수 없는 수량을 형용하고, 불교적인 용어이다. 약칭은 '恒沙 héshā'이다.

해설

위젠(于坚)은 '신생대(新生代)'의 대표적인 시인으로 간주되며, 구두어 창작의 중요성을 강조하는 '그들(他们)' 시인그룹에서도 독특한 개성을 지닌 시인으로 평가된다. 그는 생활에 파묻힌 자질구레한 이야기를 주저리주저리 끝없이 쏟아내며 깨알 같은 일상과 사건 속에서 번개처럼 스치는 빠른 빛을 포착해내는 데 뛰어나다. 또 그는 소박한 삶의 단면과 세상사의 덧없음을 즉흥적으로 포착하여 태연하게 표현하는 점에서도 역시 남다른 재간이 있다. 그래서 각종 다른 유형, 다른 성질을 가진 사물이 그의 눈과 손에 잡히면 한데 뒤엉킨 풍경으로 독자 앞에 송두리째 펼쳐진다. 그때 그의 시를 읽는 독자는 추상적인 느낌을 갖기보다는 마치 독자 자신이 동참하고 있는 현장에서 구체적인 현실로, 실제 사물처럼 리얼하게 느낄 것이다. 이는 위젠의 시가 주는 묘미이다. 이러한 묘미는 그의 시가 언제나 삶의 실제 현장과 일상적인 언어에서 출발하기 때문에 함께 호흡할 수 있는 동기를 부여하고 확장시키는 데서 만들어진다.

1984년에 위젠은 대학을 졸업했고, 윈난성 문련 소속의 《윈난문예평론(云南文艺评论)》에 배치되어 편집업무를 맡게 되었다. 이 시기에 위젠은 친구들과 함께 빌린 쿤밍의 작은 집에서 살았고, 그때의 생활소재가 고스란히 〈상이거리 6호〉(1986년 6월 창작, 《시간》 제11기 발표)에 들어있다. 독자는 이 시에서 시인과 함께 스냅사진을 보듯이 오래된 앨범을 넘기면서 추억에 잠기고 그때 그 시절의 이야기 속으로 빠져들었을 것이다. 문학평론가 청광웨이(程光炜, 1956-)는 〈위젠의 '높은 산'을 읽고(读于坚的《高山》)〉란 글에서, 1984년을 전후해 위젠은 미국 시인 로버트 프로스트(Robert Frost, 1874-1963)처럼 일상생활 속에서 보통사람이 갖는 느낌을 의미하고 표현하는 시를 많이 써서 신생대 시인들의 대표적인 시인이 되었다고 평가했다.(《诗意的微光》, 花城出版社, 2014) 〈뤄자성(罗家生)〉, 〈상이거리 6호〉, 〈먼 곳의 벗〉, 〈작품 제100호〉 등이 모두 그러한 예라고 할 수 있다.

1990년대에 들어서면서 위젠은 시보다는 수필을 활발하게 창작하였고, 그의 시도 이전처럼 그렇게 독자의 이목을 끌지는 못했다. 그러나 1993년에 시집 《까마귀 한 마리에 대한 명명》의 발간은 성공적이었다. 여기서 일상생활 속에서 소박한 시적 정취를 단련해내는 위젠의 시적 세계가 더욱 자연스럽고 한층 무르익었음을 보여주었기 때문이다. 이후에 발표한 실험성이 짙은 장편시 〈제로파일(0档案)〉은 각색되어 베이징의 실험극단에서 공연되었고, 나중에 허이(贺奔)의 평론을 첨부해 윈난에서 창간한 잡지 《대가(大家)》에 게재되었다. 당대 중국인의 생존 환경에 대해 새로이 반성해본 이 장편의 시는 독특한 구조와 형식으로도 독자와 평론가들의 호평을 받았다.

쉬어가기

[상이거리 6호(尚义街六号)]

〈상이거리 6호〉에 등장하는 인물들은 모두 위젠의 친구들이다. 주샤오양(朱小羊), 리보(李勃)는 모두 위젠의 대학시절의 동창이다. 위젠은 주샤오양과 리보에게서 모두 영향을 받았고, 그들이 모두 작품을 발표했지만(문학사에 들지는 못했어도) 그들의 초기의 작품이 자신에게 영향을 미쳤고, 특히 주샤오양의 단도직입적인 점과 리보의 유머에서 그 자신의 기질과 자신에게 적합한 방식을 보았다고 말했다.(위젠, 《영향(影响)》, blog.sina.com.cn/u/4aa2f2c4010.) 우원광(吴文光)은 뒤에 다큐멘터리 영화감독이 되었다.

[신세대 시인(新生代诗人)]

'신세대(신생대, 新生代)'라는 용어는 원로 시인인 뉴한(牛汉, 1923-2013)이 1986년에 문학잡지 《중국(中国)》을 간행하면서 1980년대의 몽롱시(朦胧诗)를 뒤이어서 새로운 시 탐색을 모색하며 등장한 '20세 이하'의 젊은 시인을 통칭하면서 처음으로 사용했다. 몽롱시파 시인들이 베이징을 중심으로 활동했다면, 신세대 시인들은 난징의 '그들(他们)', 상하이의 '해상시파(海上诗群)', 추저우(滁州)의 흑백시파(黑白诗派)', 쓰촨(四川)의 '망한주의(莽汉主义)', '페이페이(非非主义)' 등으로 지방을 중심으로 활동했다. '제3세대(第三代)', '제2차 물결(第二次浪潮)', '후굴기(后崛起)', '후신시조(后新诗潮)', '실험시(实验诗)', '후몽롱시(后朦胧诗)' 등 여러 명칭으로도 불린다. 그들은 대부분 1960년대에 태어났고, 1980년대 중 · 후기에 등단했다. 한둥(韩东), 위젠(于坚), 쉬징야(徐敬亚), 촨허(川河), 난예(南野), 하이난(海男), 양란(杨然), 모모(默默), 완샤(万夏), 양리(杨黎), 리야웨이(李亚伟), 마쑹(马松), 양커(杨克), 허샤오주(何小竹), 자오예(赵野), 덩샹(邓翔), 샤오샤오(潇潇), 왕밍윈(王明韵) 등이 방대한 진지를 구축했다. 이들은 시의 평민화(平民化)와 소설의 개인화(私人化)를 추구하였고, 소설 창작 방면에서는 '신세대 작가(신생대 작가, 新生代作家)'라 불렸다.

[《그들(他们)》]

1985년 봄, 《그들》 창간호의 발간은 시단에서 거대한 반향을 일으켰다. '그들'이란 명칭은 집단적인 것이고, 또 창간호에 '그들문학사 내부교류자료(他们文学社内部交流资料)'라는 부제가 붙어 있었다. 이 간행물의 창간은 신세대(즉 제3세대) 시인들의 등장을 알리는 상징적인 일이었다. 이들은 뒤에 40여 명의 시인이 운집한 큰 단체로 성장했는데, 1995년에 제9기를 발간을 끝으로 정간했다. '그들 시파(他们诗群)'의 대표적인 시인은 한둥(韩东), 위젠(于坚), 딩당(丁当), 샤오하이(小海), 류리간(刘立杆), 주원(朱文) 등이다.

翟永明

어머니(연작시 '여인'의 한 수)
깜깜한 밤(연작시 '사람이 세상에서 사노라면'의 한 수)
나는 채찍을 휘두르며 말을 몬다
9월 9일 중양절 날 높은 곳에 올라
어떠한 필연이 우리의 몸속에 있나

母亲("女人"组诗之一)
黑房间("人生在世"组诗之一)
我策马扬鞭
重阳登高–遍插茱萸少一人
怎样的必然在我们的身体中

자이융밍

자이융밍(翟永明, 1955-)의 본적은 허난성(河南省) 안양(安阳)이고, 쓰촨성(四川省) 청두(成都)에서 태어났다. 1974년에 고등학교를 졸업한 뒤에 시골로 내려가서 생산대대에 정착하였고, 2년 뒤부터 209 병기공업부에서 근무하기 시작하였다. 1977년에 공농병(工农兵, 노동자 농민 병사) 학생 자격으로 청두전자과학기술대학(成都电子科技大学)의 전신인 청두전기통신기술대학(成都电讯工程学院)에 입학하였고, 졸업한 뒤에 원래의 직장으로 돌아갔다. 자이융밍은 1981년부터 시를 창작하기 시작하였는데, 1982년 전후에 시 간행물인《별들(星星)》잡지에 발표한 작품들은 상당부분 민요풍의 감각을 드러냈다. 이후 몽롱시 계열의 시인들을 포함하여 시풍이 다른 시인들과 다방면에서 왕래한 뒤부터 창작 태도와 시풍에 커다란 변화를 보이기 시작하였고, 연작시 〈여인(女人)〉(1984), 〈징안좡(静安庄)〉(1985), 〈사노라면(人生在世)〉(1986) 등을 발표하였다. 이러한 작품들은 그에게 여성 시인으로서 수팅에 이어 당대 시단에서 첫 손가락을 꼽게 하는 명성을 가져다주었다.

출판한 시집에《모든 장미 위에서(在一切玫瑰之上)》(1992),《자이융밍시집(翟永明诗集)》(1994),《깜깜한 밤의 선율(黑夜里的素歌)》(1997),《모든 것이라 일컬었네(称之为一切)》(1997) 등이 있고, 수필집《종이 위의 건축(纸上建筑)》(1997) 등이 있다. 2014년에는 "제5차 중화명작가 초청 국제문학포럼 : 자이융밍"에 참여차 한국에 방문한 바 있고, 한중시가낭송회에도 참가하였다.

어머니

——연작시 '여인'의 한 수

갈 힘이 없는 곳이 너무 많아요. 발이 아파요, 어머니. 당신은
저에게 탐욕스러운 아침노을 속에서 오래된 애수에 젖으라고
가르치지 않았지요. 저의 마음은 당신을 닮았을 뿐

당신은 저의 어머니, 저는 심지어 당신의 혈액이 동틀 무렵에
쏟아낸 것이예요. 피범벅 속에서 당신을 깜짝 놀라게 해 당신 자신을
쳐다보게 했지요. 당신은 저를 깨웠어요

이 세상의 소리를 들었어요. 당신이 저를 태어나게 했어요.
당신이 저와 불행을 이 세상의 끔찍한 쌍둥이로 만들었어요.
오래되어 저는 이미 오늘밤의 울음소리를 기억할 수 없지만

당신을 임신시킨 그 빛, 그 얼마나 아득한 곳에서 얼마나 알 수 없이
왔는지요. 삶과 죽음의 사이에 서 있었어요.
당신의 눈이 어둠을 끌어안고 있을 때 발아래로 들어온 그림자
얼마나 무거웠던가요

당신의 품에 안겨, 저는 수수께끼의 답 같이 웃는 표정을 드러냈어요.
누가 알겠어요
당신이 저에게 순결한 방식으로 모든 것을 깨닫게 하려 했지만,
그러나 저는 아무런 느낌이 없었으니

저는 이 세상을 처녀라고 여기지요. 설마 제가 당신을 향해 내는
맑고 시원한 웃음소리가 족히 여름을 태울 수 없다는 것인지요? 없는
것인지요?

저는 세상에 버려졌어요, 외로이 홀로. 태양의 빛이 슬퍼하며
저를 감싸주었어요. 당신은 세상에 몸을 굽힐 때에 당신이 무엇을
잃었는지 아시나요 모르시나요?

세월이 저를 맷돌에 넣고, 제 눈으로 갈려 부수어지는 저를 보게 했어요
아, 어머니! 제가 마침내 입을 다물고 침묵하게 되면, 당신은 그
때문에 기쁜가요 아닌가요?

제가 얼마나 끝없이 당신을 사랑하는지 아무도 몰라요, 이 비밀은
당신의 일부에서 나왔어요. 저의 눈이 두 상처 구멍처럼 고통스럽게
당신을 바라보고 있어요

살기 위해서 살며, 저는 멸망을 자초하였으니, 태고 적부터의 오랜
사랑에 대항하였어요
돌 한 개 던져져, 골수처럼 바람에 바짝 마를 때가 되어서야, 이 세상은

고아를 만들어, 모든 축복을 남김없이 드러나게 하였어요. 그런데
누가 가장 잘 알까요
무릇 어머니의 손 위에 서 있었던 사람은, 결국 탄생했으므로 하여
죽을 것임을

母亲

——“女人”組詩之一

无力到达的地方太多了，脚在疼痛，母亲，你没有
教会我在贪婪的朝霞中染上古老的哀愁。我的心只像你

你是我的母亲，我甚至是你的血液在黎明流出的
血泊中使你惊讶地看到你自己，你使我醒来

听到这世界的声音，你让我生下来，你让我与不幸构成
这世界的可怕的双胞胎。多年来，我已记不得今夜的哭声

那使你受孕的光芒，来得多么遥远，多么可疑，站在生与死
之间，你的眼睛拥有黑暗而进入脚底的阴影何等沉重

在你怀抱之中，我曾露出谜底似的笑容，有谁知道
你让我以童贞方式领悟一切，但我却无动于衷

我把这世界当作处女，难道我对着你发出的
爽朗的笑声没有燃烧起足够的夏季吗？没有？

我被遗弃在世上，只身一人，太阳的光线悲哀地
笼罩着我，当你俯身世界时是否知道你遗落了什么？

岁月把我放在磨子里，让我亲眼看见自己被碾碎
呵，母亲，当我终于变得沉默，你是否为之欣喜

没有人知道我是怎样不着边际地爱你，这秘密
来自你的一部分，我的眼睛像两个伤口痛苦地望着你

活着为了活着，我自取灭亡，以对抗亘古已久的爱
一块石头被抛弃，直到像骨髓一样风干，这世界

有了孤儿，使一切祝福暴露无遗，然而谁最清楚
凡在母亲手上站过的人，终会因诞生而死去

깜깜한 방

——연작시 '사람이 세상에서 사노라면'의 한 수

세상은 까마귀처럼 깜깜하다
나는 겁이 난다, 그것들에게 그 많은
친척이 있으니. 그것들은 수가 많고 힘이 세서 항거하기 어렵다

우리는 그러나 수가 더 적어져서는 안 된다, 우리 자매 세 사람
우리는 깜깜한 방 속의 올가미 꾼
우뚝 맵시 있게 서 있거나, 왔다갔다 거닌다
승리를 거머쥔 모습
나는 그러나 교활한 꾀가 있고, 속마음은 모질다
겉으로는 딸로서의 좋은 성품을 드러내면서
날마다 실패를 되풀이 한다

규방에 있는 과년한 처녀, 우리는 명문가의 숙녀들
뾰로통한 채 미소 짓고, 온갖 궁리를 다해
스스로를 다채롭게 변신시킨다
젊고, 아름답고, 맹렬하게
검게 정제해 낸, 일심으로 전력을 다하는 올가미 꾼
(국경을 넘나들며 심혈을 기울여 계책을 세우는 사람
이빨을 날카롭게 갈고 눈빛이 곧바른 좋은 사람
기복이 전혀 없는 그 얼굴들이 나의 형부인가?)

밤에, 나는
우리 방 사방에 잠복되어 있는 위기를 느낀다
고양이와 쥐조차도 깨어 있다
우리는 자러 간다, 꿈속에서 낯선
문패 번호를 찾는다. 밤에
우리는 한창 농익은 여자
사내와 함께 뒹군다, 이런 따위들
우리 자매 세 사람, 우리는 나날이 새로워진다
혼인, 여전히 짝을 선택하는 중심적인 일
침실의 빛이 신혼부부의 기를 꺾으면
힘을 다하여 최후의 승부를 벌인다, 나는 스스로에게 말한다
집은 출발하는 곳이라고

1984년

黑房间

——"人生在世"组诗之一

天下乌鸦一般黑
我感到胆怯，它们有如此多的
亲戚，它们人多势众，难以抗拒

我们却必不可少，我们姐妹三人
我们是黑色房间里的圈套
亭亭玉立，来回踱步
胜券在握的模样
我却有使坏，内心刻薄
表面保持当女儿的好脾气
重蹈每天的失败

待字闺中，我们是名门淑女
悻悻地微笑，挖空心思
使自己变得多姿多彩
年轻、美貌，如火如荼
炮制很黑，很专心的圈套
（那些越过边境、精心策划的人
牙齿磨利、眼光笔直的好人
毫无起伏的面容是我的姐夫？）

在夜晚，我感到
我们的房间危机四伏
猫和老鼠都醒着
我们去睡，在梦中寻找陌生的
门牌号码，在夜晚
我们是瓜熟蒂落的女人
颠鸾倒凤，如此等等
我们姐妹三人，我们日新月异
婚姻，依然是择偶的中心
卧室的光线使新婚夫妇沮丧
孤注一掷，我对自己说
家是出发的地方

1984年

나는 채찍을 휘두르며 말을 몬다

나는 채찍을 휘두르며 말을 몬다　힘이 솟구치는 어두운 밤에
무늬를 새긴 말안장　내가 탄 말 아래에서
세차게 달려가는 네 개의 흰 말발굽

꼬불꼬불 오솔길로 오르니　꽃잎이 우수수 떨어지네
나는 어느 세기를 달리고 있는가?
어떤 생명이 지금 싸우고 있는가?
드넓은 저택　나는 일찍이 꿈에서 보았지—
진짜 문이 활짝 열리니
안에는 칼과 창이 정렬하고 있어　갑옷과 투그를 전신에 걸치고
찾고 있네　죽은 장군을 찾고 있네

나는 채찍을 휘두르며 말을 몬다　경련하는 동토에서
쇠가죽 고삐로　낮과 황혼을 늦추며
나는 종횡으로 달리려네

앙상한 삼림을 가로지르니
가까운 곳에서 번개와 우레가 한꺼번에 몰아치고
먼 곳에서 아이가 구슬프게 울부짖네
어떤 담금질해 낸 큰 도끼
내 눈앞에서 휘둘러지는가?
어디서 온 선혈이 푸른 군복을 붉게 물들이는가?
동경이여, 일생의 전적을 동경하노니
호각소리가 맑고 낭랑하니　그들의 장졸이 왔구나
검은색의 지휘관이 왔구나

나는 채찍을 휘두르며 말은 몬다　가슴 에이는 달빛 속에서
깡마른　나의 늠름한 말
힝힝대는 거만한 천성을 바꾸지 않네

흰색의 막사를 달려 지나가니　나무 그림자가 흔들리네
여위고 허약한 남자가 등불 아래서 장기를 두는데
문발이 날리더니, 그의 부하가 들어왔네—
적입니다! 적이 부근에 있어요
죽어가는 어떤 자가 젊고 기운이 세찰까?
오늘밤은 얼마나 오래 전의 밤인가?
커다란 새의 검은 그림자　그리고 투구의 검은 그림자도 있어
나를 놀라 벌벌 떨게 하네
내 얼굴로 덮쳐오는 것은 영혼의 검은 그림자
기다리세, 장기판의 승부를 기다리니
한 판이 끝나기 전에　나의 꿈은 현실이 되네

책 한 권　과거 시대의 책 한 권
이러한 시구가 적혀 있지
고요한 강물 위에
보라　그들의 긴 다리 모기가 왔도다

1988년

我策马扬鞭

我策马扬鞭 在有劲的黑夜里
雕花马鞍 在我坐骑下
四只滚滚而来的白蹄

踏上羊肠小道 落英缤纷
我是走在哪一个世纪？
哪一种生命在斗争？
宽阔邸宅 我曾经梦见：
真正的门敞开
里面刀戟排列 甲胄全身
寻找着 寻找着死去的将军

我策马扬鞭 在痉挛的冻原上
牛皮缰绳 松开昼与黄昏
我要纵横驰骋

穿过瘦削森林
近处雷电交加
远处儿童哀鸣
什么锻炼出的大斧
在我眼前挥动？
何来的鲜血染红绿色军衣？
憧憬啊，憧憬一生的战绩
号角清朗 来了他们的将士
来了黑色的统领

我策马扬鞭 在揪心的月光里
形销骨锁 我的凛凛坐骑
不改谵狂的禀性

跑过白色营帐 树影幢幢
瘦弱的男子在灯下奕棋
门帘飞起，进来了他的麾下：
敌人！敌人就在附近
哪一位垂死者年轻气盛？
今晚是多少年前的夜晚？
巨鸟的黑影 还有头盔的黑影
使我胆战心惊
迎面而来是灵魂的黑影
等待啊 等待盘中的输赢
一局未了 我的梦幻成真

一本书 一本过去时代的书
记载着这样的诗句
在静静的河面上
看啊 来了他们的长脚蚊

1988年

9월 9일 중양절 날 높은 곳에 올라

—— 다들 산수유를 꽂았는데 한 사람만 빠졌네

어버이를 그리워하는 문제　우애 문제
모든 문제 가운데서 가장 감동적인 것은
전부 다 높은 곳에 올라가는 문제이고
모두가 바야흐로 정상에 오르게 될 때
술을 잔에 부어 권하는 문제라네

오늘 아침 어떤 사람　나는 누구와 긴 이야기를 나눌 것인가?
먼 곳을 바라보니　강북이라고 일컬어지는 곳
강으로 들어가는 흰 비단은 한 줄기인가, 아니면 두 줄기인가?
모여서 어디로 가는가　모두 나를 즐겁게 하네

강북 너머 저 먼 곳에　수많은 미인들이 있으니
남자들은 높은 곳에 올라　모두 그녀들을 얻고 싶어 하네
비록 천년 이내라 해도　포유동물과
인류　도리어 줄곧
생태균형을 유지하고 있네

오늘 아침 나 홀로 술잔을 드니　강산은 색깔이 변해
푸른색이 봄 세 번에 나를 소모시켰네
9,9라는 이 숫자　지금 또
나의 핏줄을 윤회시키려 하네
먼 곳 굽어보이다가 우러러보이는 산봉우리
발가벗은 채로 내 품속에 뛰어드니
나는 아무 쓸모없이
밝고 아름다운 태양만 누릴 것이네

그리움이 비장을 해치네　취해도 비장을 해치네
쏴쏴 바람소리 몇 만 가닥 인가?　누가 오길래 호응하는가?
술을 마시니 목으로 들어가　몸의 가장 깊은 곳에 떨어지네
정욕과 생사의 문제
이별과 건강의 문제
목구멍에 들어가자마자 또 즉각 녹아들어　또 가장 깊은 곳에 떨어지네
그것들의 변화가 재빨라졌고　또 꼼꼼해졌네
그것들이 취하니　또 없는 곳이 없네

1999년 9월 초9일 난징의 치샤산에 올라

重阳登高

——遍插茱萸少一人

思亲问题 友爱问题
一切问题中最动人的
全都是登高的问题
都是会当临绝顶时
把盏的问题

今朝一人 我与谁长谈？
遥望远处 据称是江北
白练入川是一条，还是两条？
汇向何处 都让我喜欢

在江北以远 是无数美人
男人们登高 都想得到她们
尽管千年之内 哺乳动物
和人类 倒一直
保持着生态平衡

今朝我一人把盏 江山变色
青色三春消耗了我
九九这个数字 如今又要
轮回我的血脉
远处一俯一仰的山峰
赤裸着跳入我怀中
我将只有毫无用处地
享受艳阳

思伤脾 醉也伤脾
飒飒风声几万？ 呼应谁来临？
饮酒入喉 它落到身体最深处
情欲和生死问题
离别和健康问题
也入喉即化 也落到最深处
它们变得敏捷 又绵密
它们醉了 也无处不在

一九九九年九月初九登南京栖霞山

어떠한 필연이 우리의 몸속에 있나

여우는 아주 많은 것을 알지만
고슴도치는 한 가지만 안다
——서양 민간속담

우리는 반드시 격정 속에서 떠올라
배고프고 목마른 남자들을 찾으러 가야 한다
우리는 반드시 그들의 눈꺼풀 위에 머물러
고요한 속마음을 잃어버려야 한다　설령
심장이 여태껏
폭발할 것 같은 호흡을 지탱하기 어려웠다 해도

우리는 반드시 바람처럼 이리저리 불어대며
안전하게 착륙할 곳을 찾아야 한　안전을 찾아야 한
그러나 시종 바람처럼 거칠고　오락가락 하니
우리는 이처럼 늙음을 두려워한다　그러나
모든 행위들　모두 재빨리
늙음을 향해 내달린다　우리는 밝게 빛나지만
그러나 어두운 밤에는 지극히 미묘해진다

우리는 필연적으로 한 남자를 가까이 끌어당기고
또 그를 밀어 낸다　건드리면 안 된다
이 세상에 우리의 흐느낌을 빼놓을 수는 없지만
우리는 그러나 슬픔에 젖은 걸 인정하지 않는다

천 명의 여자에게는 조금도 새로운 뜻이 없고
만 명의 여자는 무료하게 죽어가지만
더욱 많은 여자가 하늘에서 홀로 걸으며
바람처럼 거칠게 또 끊임없이 이동한다
때로 선녀가 꽃을 뿌리듯이　높은 공중에서
몸속에 뿌린 정처 없이 떠도는
그런 향수들　눈물에서 추출해낼 만하다

2013년 12월 28일

怎样的必然在我们的身体中

狐狸知道很多事
刺猬只知道一件事
——西方民谚

我们必然要从激情中升起
去寻找那些饥渴男人
我们必然要在他们眼睑上栖息
迷失安静内心　尽管
心脏从来就难以支持
爆破般的呼吸

我们必然像风刮来刮去
寻找安全着陆地 寻找安全
但始终像风一般狂野　来来去去
我们如此害怕衰老 但
所作所为 都快速地
向衰老奔去 我们明亮
但在暗夜极尽微妙

我们必然将一个男人拉近
又将他推送到 不可触及
这世界少不了我们的哭泣
我们却不承认悲伤附体

一千个女人了无新意
一万个女人无聊地死去
更多的女人在天上独步
像风一般狂野和不断迁徙
有时像天女散花 从高空
洒下体内的颠沛流离
那些香水 值得用泪液提取
2013年12月28日

시어 주석

贪婪 tānlán 탐욕스럽다, 만족할 줄 모르다, 끝이 없다

朝霞 zhāoxiá 아침노을, 아침놀

双胞胎 shuāngbāotāi 쌍둥이

谜底 mídǐ 수수께끼의 답, 사건의 진상

爽朗 shuǎnglǎng 맑고 시원하다, 청량하다

人多势众 rénduōshìzhòng 수가 많고 힘이 세다, 많으면 세력도 크다

圈套 quāntào 올가미, 함정, 꾀

胜券 shèngquàn 승리를 거머쥐다, 승리에 대한 확신(자신감)

悻悻地 xìngxìngde 뽀로통하다, 화를 내다, 성내다(그런 모양)

瓜熟蒂落 guāshúdìluò 한창 농익다, 오이가 익으면 곡지가 저절로 떨어진다, 조건이 성숙되면 일은 쉽게 이루어진다, 조건이 성숙되면 자연히 결과를 맺는다

策马扬鞭 cèmǎyángbiān 채찍을 휘두르며 말을 몰다

刀戟 dāojǐ 칼과 창, 칼과 미늘창

甲胄 jiǎzhòu 갑옷과 투구

驰骋 chíchěng 달리다, 빨리 달리다, 내달리다

瘦削 shòuxuē 깡마르다, 앙상하다, 야위다

战绩 zhànjì 전적, 시합의 성적

谵狂 zhānkuáng 힝힝대다, 미쳐 날뛰다

禀性 bǐngxìng 천성, 품성

重阳节 Chóngyángjiē 중양절, 음력 9월 9일

绝顶 juédǐng 정상, 최고봉, 절정, 더 이상은 없다

今朝 jīnzhāo 오늘 아침

轮回 lúnhuí 윤회

绵密 miánmì 꼼꼼하다, 면밀하다, 세심하다

栖霞山 Qīxiáshān 치샤산, 난징시 치샤구(栖霞区)에 위치한다. 서산(摄山)이라고도 하며, 진링에서 으뜸가는 맑고 아름다운 산(金陵第一明秀山)이라 일컫는다.

栖息 qīxī 머물다, 깃들다, 서식하다

衰老 shuāilǎo 늙다, 노쇠하다

微妙 wēimiào 미묘하다

附体 fùtǐ 몸에 붙다, 따라다니다, 附身 fùshēn(불교적인 용어)

迁徙 qiāntú 이동하다, 옮겨가다

해설

자이융밍(翟永明, 1955-)은 현재 활동하는 여성 시인들 가운데서 생명력이 길고, 시적 성숙과 난도가 가장 뛰어난 시인이라고 말할 수 있다. 그녀의 시는 창작 초기의 여성적 '자아'에 천착한 '깜깜한 밤(黑夜)'과 1998년 청두(成都)에 문학 살롱 형태의 술집 '하얀 밤(白夜)'를 개업한 뒤부터 지금까지를 '하얀 밤' 시기로 나누어서 말할 수 있다. 자이융밍은 지금은 주로 청두와 베이징, 그리고 가끔 해외를 오가며 시작활동을 하고 있다.

1984년에 발표한 연작시 〈여인(女人)〉은 서정시 20수로 이루어졌다. 이 시에서 시인은 돌발적이고 기이한 말투로 여성의 '실존'에 대해 낱낱이 밝혔다. 이 연작시는 여성의 모든 감정, 처지, 의식과 하소연을 남김없이 몽땅 토해내고자 했던 것인 양 기백이 넘쳐흐르는 서정, 독기어린 원망과 기발한 말투(심지어 독설)가 단연 독보적이었다. 그녀가 개인의 시각으로 세상을 보고 거인적인 은밀한 공간과 자아세계를 파헤쳤다는 점도 돋보였다. 이 〈여인〉에는 '깜깜한 밤'이 11번이 등장하여 당대 시단에서 여성 의식, '깜깜한 밤'의식의 대표적인 시가 되었다. 또한 이 시의 부제에서 그는 미국의 낭만주의적인 이야기 시인인 로빈슨 제퍼스(Robinson Jeffers, 1887-1962)의 시구 "가장 중요한 건/우리 몸에 깜깜한 밤이 필요하다는 거예요"[1]와 요절한 천재 시인 실비아 플라스(Sylvia Plath,

---

1 이 구절은 번역가인 펑즈(冯至, 1905-1993)가 젊은 시절 독일에 유학할 당시인 1943년에 쓴 수필 〈센 강변의 이름 없는 소녀(塞纳河畔的无名少女)〉에 부제로 사용하였다. 자이융밍이 펑즈의 수필에서 인용한 것인지, 아니면 로빈슨 제퍼스의 시집에서 인용한 것인지는 불분명하다.

1932-1963)의 시구 "세상이 신에게 고통을 주듯이/너의 육체가 나에게 고통을 준다"(〈화씨 103도 고열〉, 박주영 옮김)를 인용했다. 후자는 많은 평론가들이 실비아 플라스의 '여성'(혹은 '여성성') 의식과 시적 정신을 거론하며 두 시인의 영향관계를 증명하는 구절로 자주 인용된다. 자이융밍의 '깜깜한 밤'은 이후의 '하얀 밤'과 대비되는 관점에서 많은 연구의 동기를 부여해준다.[2] 자이융밍은 〈깜깜한 밤의 의식(黑夜的意识)〉(1985년 씀, 1986년 11월 15일 安徽 《시가보诗歌报》)이란 글에서 자신이 말하는 '깜깜한 밤' 의식이란 "개인과 우주의 내적인 의식"이라고 말하였다. 시인이 설명한 바에 따르면, '여성'이란 젠더 잣대로 자신의 시를 읽지 말기를 바라는 의도를 짐작할 수 있다. 자이융밍의 〈여인〉 가운데 일곱 번째 시인 〈어머니〉는 실비아 플라스의 '고백시'(고백 서술)와 '구 걸치기'[3]의 영향도 받았다. 이러한 점은 당대 여성 시인들이 억압된 여성의 목소리를 반영할 때와 달리 자이융밍이 여성 내지 모성에 대해 애증이 갈마든 시적 세계를 보여주는데 부가적인 효과를 얻기 위해 사용한 예술수법이라고 하겠다. 실비아 플라스의 "엄마, 엄마. 하지만 내가 아무리 찡그려도 우리 관계를 배신하진 않을 거야."(〈마음을 어지럽히는 뮤즈〉, 박주영 옮김)와 자이융밍의 "제가 얼마나 끝없이 당신을 사랑하는지 아무도 몰라요" 하는 구절에서 두 시인 모두 어머니(혹은 어머니로 대변되는 '여성성')에게 사랑과 증오의 이율배반적인 마음을 품고 있음을 보여준다.

1986년은 자이융밍의 시 창작에서 중요한 해였다. 하나는 당시 시단에서 영

---

2 로빈슨 제퍼슨의 시 세계에서 '밤'이 중국어 '黑夜'로 번역된 것인지, 아니면 그의 시에서 (자이융밍의 경우처럼) '백야'에 상대되는 '黑夜'였는지도 불분명하다.

3 정우광은 〈《女人》에 나타난 翟永明의 성별의식과 서사방식〉에서 형식적인 면에서 시의 앞선 행의 뜻, 구문이 다음 행에 걸쳐서 이어지는 기법을 '구 걸치기'로 설명하였다.(《中国文化研究》, 제11집)

향력이 가장 컸던 '청춘시회'에 요청을 받고 참가했다는 점이고, 다른 하나는 시난기술물리연구소(西南技术物理研究所)를 사직했다는 것이다. 1990년에 그녀는 돌연 미국으로 떠났다. 미국에서 체류하는 1년 반 동안에 그녀는 거의 시를 쓸 수 없었다고 하며, 귀국한 뒤에 수필 창작으로 방향을 바꾸었고, 1996년에 수필집 《종이 위의 건축》을 출간했다. 그에 대해 그녀의 초기 시 창작과 시적 세계는 '깜깜한 밤'에서 화려한 꽃을 피웠고, 1998년 5월 청두에서 술집 '하얀 밤'을 개업한 뒤에 현실을 이해하고 생활(영업)과 부대끼는 가운데서 새로운 제재를 찾아낸 것이라고 한다. '깜깜한 밤'이 관념적으로 그의 시 속에 삽입 되었다면, '하얀 밤'의 일상이 구체적으로 그의 시에 개입하게 된 것이라고 하겠다.

2013년에 쓴 시인 〈어떠한 필연이 우리의 몸속에 있나〉에서도 그의 치열한 여성적 자아, 한 서린 격정과 날을 세운 그로테스크한 낭만을 읽을 수 있다. 독자는 때로 자이융밍의 시에서 그가 지나치게 '여성성'에서 벗어나려고 하며, 또 그를 위해 고의로 세상(시적 공간을 포함하여)을 뒤틀며 비딱하게 본다고 여길지도 모르겠다. 하지만 자이융밍은 〈여인〉에서도 보여주었듯이, 절대 자신의 '여성성'을 은폐하거나 회피하지 않으면서, 독설과 낯설게 하기를 노련하게 뒤섞어서 남성 중심주의 사회에서의 여성이 처한 현실을 날카롭게 포착하고, 그로부터 개인의 자아 주체 의식에 대한 각성과 확립으로 확장시킨다. 이러한 개성은 〈여인〉을 평가하고 있는 평론가들에게 단골로 인용되고 있는 미국 시인 실비아 플라스와 닮은 점이면서, 또한 불행한 삶과 광기를 마감한 젊은 실비아 플라스와 다른 점이라고 하겠다.

쉬어가기

[실비아 플라스]

실비아 플라스(Sylvia Plath, 1932-1963)는 열정적인 삶을 살다간 비운의 천재 시인이다. 1932년 매사추세츠에서 보스턴대학의 생물학 교수이자 땅벌 연구의 세계적 권위자였던 오토 플라스와 아우렐리아의 딸로 태어났다. 독일계였던 아버지는 실비아가 여덟 살 때 당뇨병으로 유명을 달리하는데, '아버지의 죽음'은 그녀의 삶과 작품 세계에 지울 수 없는 상흔이 된다. 그녀는 스미스 대학을 장학생으로 다닌 후 수석으로 졸업했으며 영국 케임브리지 대학교에 풀브라이트 장학생으로 들어가는 등 외면적으로는 모범적인 삶을 살았다. 케임브리지에서 그녀는 카리스마적인 영국의 계관시인 시인 테드 휴즈(Edward James "Ted" Hughes, 1930-1998)를 만나 1956년에 결혼하고 1957-1958년까지 모교인 스미스대학에서 영문학 강사로 재직했다. 1960년 4월에는 딸 프리다가 태어났다. 같은 해 10월에 첫 번째 시집 《거상》이 영국에서 출판됐다.

그녀는 남편과 함께 잉글랜드 데본의 작은 시골집에 정착했는데, 그러나 그녀의 소설 《벨 자(The Bell Jar)》(1963)에 나타나듯이 동화 같은 성공 뒤에 오는 심리적 압박 등을 해결하지 못했고, 아들 니콜라스가 태어난 해인 1962년 10월부터 부부는 별거에 들어갔다. 이때의 고통은 오히려 실비아의 시 세계에 생명을 불어넣은 듯 그녀는 그 무렵 한 달에 서른 편의 시를 써내는 열정을 보여주다가 마침내 1963년 2월 11일 가스오븐에 머리를 처박고 자살함으로써 서른 살의 천재 여성 시인 실비아는 참혹한 비극으로 자신의 삶을 마감한다. 그녀가 죽은 지 2년 뒤에 시집 《아리엘(Ariel)》(1965)이 출간되었다.

欧阳江河

공개적인 독백

고요함

계획경제 시대의 사랑

유리공장

일요일의 열쇠

公开的独白

寂静

计划经济时代的爱情

玻璃工厂

星期日的钥匙

어우양장허

어우양장허(欧阳江河, 1956-), 본적은 허베이성 한단(邯郸)이고, 쓰촨(四川) 루저우(泸州)에서 태어났다. 1975년에 고등학교를 졸업한 뒤에 생산대대로 내려갔고, 그 뒤에 군대에 입대하였다. 1986년부터 쓰촨성 사회과학원에서 근무하였고, 1993년에 도미하였으나 현재는 베이징에 거주하는데, 근래 베이징 사범대학(北京师范大学)에서 봉직하고 있다. 1979년부터 시를 발표하기 시작하였다. 등단 당시에는 몽롱시의 영향을 받았고 서사시적인 시풍에 사변적인 특징을 담아냈다. 2011년에 제9회 중국어문학매체대상(华语文学传媒大奖) 2010년도 시인상을 수상했다. 현재 해외평단으로부터 '가장 훌륭한 중국시인'이라는 평가를 받기도 한다. 출판한 시집에 《어휘를 통과한 유리(透过词语的玻璃)》(湖南文艺出版社, 1997), 《누가 가고 누가 남는가(谁去谁留)》(湖南文艺出版社, 1997), 《사물의 눈물(事物的眼泪)》(作家出版社, 2008) 등이 있다.

공개적인 독백

나는 죽었으나, 그대들은 아직 살아 있소.
그대들이 나를 알지 못하면 이제껏 세계를 알지 못한 것과 같소.
내 죽은 뒤의 얼굴 모습은 썩지 않는 가면이 되어
그대들 서로가 비슷해 지도록 강요할 거요
자신도 없고, 타인도 없게.
내가 축복한 사과나무마다
모두 가을까지 자라, 더욱 많은 사과와
기아로 결실했소.
그대들이 본 날아가는 새마다 모두 내 영혼이오.
내가 드리워 놓은 그림자는 모든 빛보다 훨씬 긍정적이오.

내가 가장 마지막으로 몸뚱이를 묻은 땅은 책이오.
거기서, 그대들의 생명은
바로 군더더기 어휘처럼 가볍게 삭제됐소.
하느님은 이처럼 간단하오, 간단하게
말한 다음엔 잊어버리는 거요.
모든 눈은 단지 잠깐을 위해 뜬 거요.
나의 노래가 없으니, 그대들에게 입술이 있을 리 없소.
그러나 그대들이 불렀고 또 계속 유행시킬 것은
끝없는 고요일 뿐, 노래는 아니라오.

公开的独白

我死了，你们还活着。
你们不认识我就像从不认识世界。
我的遗容变作不朽的面具
迫使你们彼此相似
没有自己，也没有他人。
我祝福过的每一棵苹果
都长成秋天，结出更多的苹果
和饥饿。
你们看见的每一只飞鸟都是我的灵魂。
我布下的阴影比一切光明更肯定。

我最终的葬身之地是在书卷。
那儿，你们的生命
就像多余的词句被轻轻删去。
上帝如此简单，只须简单地
说出，然后忘掉。
所有的眼睛只为一瞥睁开。
没有我的歌，你们不会有嘴唇。
但你们唱过并将继续传唱的
只是无边的寂静，不是歌。

고요함

겨울의 상수리나무 아래에 서서 나는 부르던 노래를 멈추었소
상수리나무가 덮은 하늘은 별안간 하룻밤 동안 폭설이 내린 듯
하룻밤 동안 내린 눈이 아침에 그쳤소
예전에 노래를 불렀던 검은말은 돌아오지 않았소
검정말의 눈은 온통 새까맣고
검정말의 눈 속의 드넓은 초원에는 눈물이 그렁그렁하오
세월이 그 속에서 막바지 어두움에 이르렀소
광풍이 불어 검정말을 하늘로 실어갔소
광풍이 불어 백골을 열매 속에 넣었소
광풍 속의 상수리나무는 뿌리까지 뽑히려하오

寂静

站在冬天的橡树下我停止了歌唱
橡树遮蔽的天空像一夜大雪骤然落下
下了一夜的雪在早晨停住
曾经歌唱过的黑马没有归来
黑马的眼睛一片漆黑
黑马眼里的空旷草原积满泪水
岁月在其中黑到了尽头
狂风把黑马吹到天上
狂风把白骨吹进果实
狂风中的橡树就要被连根拔起

계획경제 시대의 사랑

유행이 최종적으로 그들
유행을 멸시하는 사람들에게 호의를 베풀리라. 한 사람이 아닌
한 무리의 자녀가 구름 같이 많은 관원들처럼 느릿느릿 걸어서
대리석 계단을 내려간다 손전등의 불빛
위를 향해 곧추서는 데 두 다리 사이에서의 헛된
등반. 여비서가 닥치는 대로 뽑은
충전기의 금속 플러그
재차 꽂지 않는다.

음과 양이 똑같은 속이 빈 플라스틱 튜브
꽉 비틀어 맨
위쪽부터 흩어져 있는 선명한 머리카락 1백 가닥을 단단히 싸맸다.
은도금이 벗겨진 뒤, 여비서가 많은
하급관원들에게 말했다.
1초당 3천 세제곱미터의 방수량에
감압밸브 1백 개를 설치하겠노라고.

단단한 것은 부드러워지고 늙는 것은
더욱 늙는다. 깜깜한 밤 속의
가냘픈 불빛 한 줄기를 따라 위로 기어간다——
동전, 지폐, 가정의 금전출납부,
일생동안 물밑에 있는 불꽃을 저축한다.

어떤 관원은 침실 1백 칸을 지나가야
아내의, 저수지가 입가로까지 차오른 듯한
그렇게 평온한 잠에 들 수 있다. 자동 응답 전화기 속에서
여비서가 소켓 꽂는 소리가 들려온다.
파이프 한 개 안의 물
파이프 백 개에서 흘러나왔다. 사랑
법정 적립금의 평균 분배이다. 도로 한복판에 만든 화단의
곧추 솟은 분수는 봉건시대의 황폐해진 후궁의
비밀 스위치, 퓨즈가 끊어졌다.

计划经济时代的爱情

时尚最终将垂青于那些
蔑视时尚的人。不是一个而是
一群儿女如云的官员，缓缓步下
大理石台阶，手电的光柱
朝上直立：两腿之间虚妄的
攀登。女秘书顺手拔下
充电器的金属插头，没有
再次插入。

阴阳相同、空心的塑料软管，
裹紧一百根扭住的
散布在开端的清晰头发丝。电镀银
消褪之后，女秘书对官员
的众多下属说：给每秒钟
三千立方米的水流量
安装一百个减压开关。

硬的软了下来，老的
更老。顺着黑夜里
一道微弱的光柱往上爬——
硬币、纸币，家庭的流水账目，
一生积蓄火焰在水底。

一个官员要穿过一百间卧室，
才能进入妻子的、像蓄水池上升到唇边
那么平静的睡眠。录音电话里
传来女秘书带插孔的声音。
一根管子里的水，
从一百根管子流了出来。爱情
是公积金的平均分配，是街心花园
耸立的喷泉，是封建时代一座荒废后宫
的秘密开关：保险丝断了。

유리공장

1

보기에서 보기까지, 중간에 유리만 있다.
얼굴에서 얼굴까지
칸막이는 볼 수 없는 것.
유리 가운데서, 물질은 결코 투명하지 않다.
유리공장 전체가 커다란 눈알이고
노동은 그 가운데 가장 검은 부분이다
그 환한 대낮이 사물의 핵심에서 번쩍인다.
사물이 최초의 눈물을 견지했다
새가 순수한 빛 가운데서 그림자를 고집한 것처럼.
어둠의 방식으로 빛발을 거둬들이고 그런 뒤에 공손히 바친다.
가는 곳마다 모두 유리인 곳에서
유리는 이미 그 자신이 아니라
일종의 정신.
어디든지 모두 공기가 있지만 공기가 거의 존재하지 않는 것처럼.

2

공장 근처는 바다이다.
물에 대한 인식이야말로 유리에 대한 인식이다.
굳음, 차가움, 쉽게 부서짐,
이런 것들은 모두 투명의 대가.

투명은 일종의 신비한, 물결을 볼 수 있는 언어이나
내가 그것을 말할 때는 이미 그것에서 벗어나 있다
컵, 찻상, 전신 거울, 모든 이런
구체적인, 대량 생산한 물질들에서 벗어났다.
그러나 나는 또 물질의 포위 속에 몸을 두고
생명은 욕망에 의해 채워진다.
언어가 넘치고, 마르고, 투명해지기 전에.
언어는 바로 비상이고, 바로
드넓음으로써 드넓음에 맞서고, 번개로써 번개에 맞서는 것이다.
이처럼 많은 하늘이 날고 있는 새의 몸뚱이 밖에 있으나
한 마리 외로운 새의 그림자는
빛이 바다 위에서 살짝 스친 자국일 수 있다.
어떤 것이 유리 위에서 긋고 갈 때, 그림자보다 더 가볍고
상처보다 더욱 깊으며, 칼끝보다 더욱 넘기 어렵다.
갈라진 금은 볼 수 없는 것이다.

3

나 왔노라, 보았노라, 말했노라.
언어와 시간이 혼탁하여 좋은 것 나쁜 것 뒤섞이며
맹목적으로 중심에서 흩어진다.

똑같은 경험도 유리 내부에서 생긴다.
불꽃의 호흡, 불꽃의 심장.
이른바 유리란 불꽃 속에서 물이 태도를 바꾼 것,
바로 두 정신이 서로 만나
두 차례 파괴가 동일한 영생으로 들어간다.
물은 불꽃을 거쳐서 유리가 되고
영도 이하의 차가운 연소로 변하여
어떤 진리나 감정처럼
간단명료하고 뚜렷하되 흐르기를 거절한다.
열매 속에서, 바다 깊은 곳에서, 물은 흐른 적이 없다.

4

그렇다면 이것이야말로 내가 본 유리——
여전히 돌이지만 더 이상 견고하지 않다.
여전히 불꽃이지만 다시 뜨거워지지 않는다.
여전히 물이지만 부드럽지 않고 흐르지도 않는다.
그것은 상처들이지만 피를 흘리지는 않는다,
그것은 일종의 소리이지만 고요함을 겪은 적이 없다.
상실에서 상실까지, 이것이 바로 유리.
언어와 시간의 투명함이
비싼 대가를 치른다.

5

한 공장에서 나는 세 종류의 유리를 보았다
물질적인, 장식적인, 상징적인.
사람들이 나에게 유리의 아비는 잡다한 돌들이라고 알려준다.
돌의 공허 속에서, 죽음은 결코 끝이 아니라
가변적인 원시적 사실.
돌이 부셔져서 유리가 탄생한다.
이것은 진실이다. 그러나 또 다른 진실이 있어
나를 또 다른 경계로 데리고 들어간다. 높은 곳에서 높은 곳까지.
그런 진실 속에서 유리는 다만 물일뿐, 이미
단단해졌거나 단단해지고 있는, 뼈를 가진, 뿌릴 수 없는 물이지만
불꽃은 뼛속까지 차갑다
게다가 가장 아름다운 것도 가장 쉽게 부셔진다.
세상에 모든 숭고한 사물 그리고
사물의 눈물.

1987년 9월 6일 산하이관에서

玻璃工厂

1

从看见到看见，中间只有玻璃。
从脸到脸
隔开是看不见的。
在玻璃中，物质并不透明。
整个玻璃工厂是一只巨大的眼珠，
劳动是其中最黑的部分，
它的白天在事物的核心闪耀。
事物坚持了最初的泪水，
就像鸟在一片纯光中坚持了阴影。
以黑暗方式收回光芒，然后奉献。
在到处都是玻璃的地方，
玻璃已经不是它自己，而是
一种精神。
就像到处都是空气，空气近乎不存在。

2

工厂附近是大海。
对水的认识就是对玻璃的认识。
凝固，寒冷，易碎，
这些都是透明的代价。

透明是一种神秘的、能看见波浪的语言，
我在说出它的时候已经脱离了它，
脱离了杯子、茶几、穿衣镜，所有这些
具体的、成批生产的物质。
但我又置身于物质的包围之中，
生命被欲望充满。
语言溢出，枯竭，在透明之前。
语言就是飞翔，就是
以空旷对空旷，以闪电对闪电。
如此多的天空在飞鸟的躯体之外，
而一只孤鸟的影子
可以是光在海上的轻轻的擦痕。
有什么东西从玻璃上划过，比影子更轻，
比切口更深，比刀锋更难逾越。
裂缝是看不见的。

3

我来了，我看见，我说出。
语言和时间浑浊，泥沙俱下，
一片盲目从中心散开。

同样的经验也发生在玻璃内部。
火焰的呼吸，火焰的心脏。
所谓玻璃就是水在火焰里改变态度，
就是两种精神相遇，
两次毁灭进入同一永生。
水经过火焰变成玻璃，
变成零度以下的冷峻的燃烧，
像一个真理或一种感情
浅显，清晰，拒绝流动。
在果实里，在大海深处，水从不流动。

4

那么这就是我看到的玻璃——
依旧是石头，但已不再坚固。
依旧是火焰，但已不复温暖。
依旧是水，但既不柔软也不流逝。
它是一些伤口但从不流血。
它是一种声音但从不经过寂静。
从失去到失去，这就是玻璃。
语言和时间透明，
付出高代价。

5

在同一工厂我看见三种玻璃：
物态的，装饰的，象征的。
人们告诉我玻璃的父亲是一些混乱的石头。
在石头的空虚里，死亡并非终结，
而是一种可改变的原始的事实。
石头粉碎，玻璃诞生。
这是真实的。但还有另一种真实
把我引入另一种境界：从高处到高处。
在那种真实里玻璃仅仅是水，是已经
或正在变硬的、有骨头的、泼不掉的水，
而火焰是彻骨的寒冷，
并且最美丽的也最容易破碎。
世间一切崇高的事物，以及
事物的眼泪。

1987年9月6日于山海关

일요일의 열쇠

열쇠가 일요일 아침의 햇빛 속에서 흔들거린다.
깊은 밤에 돌아온 사람은 자신의 집으로 돌아가지 못한다.
열쇠가 자물쇠 구멍에 들어가는 소리, 문을 노크하는 소리와는 다르니
그토록 아득히 먼, 꿈속의 주소가 더욱 믿을 만하다.

내가 교외 도로를 가로지를 때 모든 헤드라이트가
갑자기 꺼진다. 내 머리 위 별이 끝없이 총총한 하늘에서
어떤 사람이 자전거 핸드 브레이크를 꼭 잡는다. 기우뚱
1초의 기우뚱, 나는 열쇠가 땅에 떨어지는 소리를 듣는다.

여러 해 전의 열쇠 한 꾸러미가 햇빛 속에서 흔들거린다.
그것을 집어 들었지만 그 배후의 손이
어디에 숨어있는지 나는 모른다. 토요일 이전의 모든 날들
전부 자물쇠를 채웠는데 어떤 것을 열어야 할지 모르겠다.

지금은 일요일. 모든 방이
신비하게 전부 활짝 열려 있다. 나는 열쇠를 던져버린다.
어떤 방으로 들어가든지 모두 문을 두드릴 필요가 없다.
세계는 그렇게 붐비지만 방은 텅 비어 한 사람도 없다.

1991년 8월 23일 청두에서

星期日的钥匙

钥匙在星期日早上的阳光中晃动。
深夜归来的人回不了自己的家。
钥匙进入锁孔的声音，不像敲门声
那么遥远，梦中的地址更为可靠。

当我横穿郊外公路，所有车灯
突然熄灭。在我头上的无限星空里
有人捏住了自行车的刹把。倾斜，
一秒钟的倾斜，我听到钥匙掉在地上。

许多年前的一串钥匙在阳光中晃动。
我拾起了它，但不知它后面的手
隐匿在何处？星期六之前的所有日子
都上了锁，我不知道该打开哪一把。

现在是星期日。所有房间
全部神秘地敞开。我扔掉钥匙。
走进任何一间房屋都用不着敲门。
世界如此拥挤，屋里却空无一人。

1991年8月23日于成都

시어 주석

公开 gōngkāi　공개적이다
独白 dúbái　독백, 모놀로그(Monologue)
遗容 yíróng　죽은 뒤의 모습
不朽 bùxiǔ　썩지 않다, 불후하다, 영구하다
肯定 kěndìng　긍정적이다, 긍정하다, 인정하다
书卷 shūjuàn　책, 서적
寂静 jìjìng　고요하다, 적막하다
遮蔽 zhēbì　덮다, 가리다, 감추다
骤然 zhòurán　별안간, 갑자기
拔起 báqǐ　뽑히다
计划经济 jìhuàjīngjì 계획경제(Command economy), 계획경제 체제, 국가에서 생산, 자원 분배 및 상품의 소비 등 각 방면에서 모두 정부 혹은 금융그룹(financial group)이 사전 계획에 따라 실시하는 경제 시스템이다.
时尚 shíshàng　유행, 풍조, 시대적 풍모
虚妄 xūwàng　날조하다, 허망하다
攀登 pāndēng　등반하다, 붙잡고 기어오르다
插头 chātóu　플러그
下属 xiàshǔ　아랫사람, 부속되다
流水账目 liúshuǐzhàngmù 금전출판부, 장부, 그 항목

奉献 fèngxiàn　바치다, 공헌하다

精神 jīngshén　정신

躯体 qūtǐ　몸뚱이, 신체, 체구

泥沙俱下 níshājùxià 좋은 것 나쁜 것이 뒤섞이다, 흙과 모래가 같이 떠내려 오다, 좋은 것(사람)과 나쁜 것(사람)이 함께 섞여 있다. 뒤에 '鱼龙混杂'가 이어지기도 한다.

诞生 dànshēng　탄생하다, 출생하다, 태어나다

境界 jìngjiè　경계, 경지

彻骨 chègǔ　뼛속까지, 뼈에 사무치다

钥匙 yàoshi　열쇠

可靠 kěkào　믿을 만하다, 믿음직스럽다

熄灭 xīmiè　꺼지다, 끄다, 소멸하다

倾斜 qīngxié　기우뚱, 기울어지다, 경사지다

隐匿 yǐnnì　(몸 등을) 숨기다, 은닉하다

해설

어우양장허(欧阳江河, 1956-)는 언어를 다루는 기술이 남다른 시인이다. 어우양장허는 언어의 돌발적인 역설과 충돌을 집약시키는 능력이 뛰어나고, 아이러니와 반증, 기발한 논리와 연역과 수사적 유희를 능수능란하게 활용한다. 그리하여 많은 평론가들이 그는 '어휘를 조종하는 쾌감을 즐기는 시인'이라고 평가한다. 어우양장허가 잡지 《중산》에서 주관한 1979~2009년 '10대 시인'에 선정되었고, 2010년도 중국어문학매체대상의 시인상을 수상하였을 때, 치링허우(七零后) 시인 황리하이(黄礼孩, 1971-)는 어우양장허의 시가 마술적 환상이 풍부한 언어구조 속에 현학적 철학적 지혜를 감추고 있다고 평하였다. 어우양장허의 시는 세속적인 생활을 비판하며, 개인적인 정감이나 경험을 기탁하지 않고, 정신적 유토피아를 옹호하는 점에서 가장 '지적(知的)'이라는 평가를 받는다.

어우양장허는 등단할 때에 자신의 본명 장허(江河)를 사용해 활동하였고, 장판(江帆), 샤오장(晓江) 등의 필명을 쓰기도 하였다. 하지만 그의 본명이 몽롱시인 위여우쩌(于友泽)의 필명과 같아서 종종 혼동되었고, 때문에 1985년경부터 '欧阳江河'라는 필명을 사용했다. 베이징대학 5·4문학협회(北大五四文学协会)에서 간행한 《신시조시선(新诗潮诗选)》에 〈이력(履历)〉, 〈백색의 연애(白色之恋)〉, 〈뒷모습 속의 하룻밤(背影里的一夜)〉을 게재할 때였다.

1985년의 〈공개적인 독백(公开的独白)〉은 죽음의 주체 입장에서 쓴 시이다. 시 속에서 '나'는 에즈라 파운드(Ezra Pound, 1885-1972)의 죽은 영혼이다. 에즈라 파운드의 영혼이 살아 있는 사람들에게 건네는 '독백'의 말이다. 이 작품은 에즈라 파운드에게 바치는 헌시이면서, 어우양장허 자신의 '시인'에 대한 경의를 표한 시이고, 또 '시'와 '죽음'과 관련된 것이다. 1987년에 이르러 〈유리공장〉에서 시인은 독자에게 화려한 언어마술의 세계를 펼쳐보여 주었다. 그의 시가 외형적으로 보여주는 가장 큰 특징은 시적 말투가 시원시원하고 확고하다는데 있다. 그는 거의 매 시구마다 단련의 단련을 거듭하지만 절대 말투를 바꾸지 않는다. 그는 자신의 어휘를 통제하는 능력에 대해 언제나 자신만만하기 때문에, 또 이러한 고집이 시의 확장성을 방해하지 않으면서 내향성을 드러내는 작용을 한다. 이것이 그의 시에 내적인 정확성을 갖게 하는 효과도 톡톡히 한다.

어우양장허는 중고등학교에 다닐 때에 중국의 고전문학에 심취했었다고 한다. 하지만 대학에 들어갈 기회가 없었고, 1975년에 고등학교를 졸업한 뒤에 시골로 내려갔다가 1976년에 청두로 돌아와 입대하게 되었다. 석 달 동안 신병훈련을 마치고 청두 시가지 중심부에 주둔하는 부대로 배치되었고, 그로부터 10년 동안 군대생활을 했다. 1977년부터 쓰촨의 군대 내부에서 '문화 배우기(军队学文化)' 운동이 일어났고, 1979년부터 그는 그곳에서 문관을 맡게 되었다. 1982년경에 그는 자이융밍, 바이화, 중밍(钟鸣, 1949-), 장짜오(张枣, 1962-2010)와 사귀었고, 뒤에 이들은 쓰촨의 '오군자(五君子)'로 불렸다. 나중에 쑨원보(孙文波, 1956-)와 랴오시(廖希)가 참여하여, 《선전청년보(深圳青年报)》와 《시가보(诗歌报)》가 연합하여 거행한 '1986년 중국 모더니즘 시 페스티벌'에 '칠군자(七君子)'라는 명의로 참석하였다. 1993년에 어우양장허는 사회과학원을 떠났고, 17년 동안 살았던 청두를 떠나 미국으로 갔다. 미국에 머무는 동안에 〈지폐, 동전(纸币·硬币)〉, 〈추수감사절(感恩节)〉, 〈그러면 베네치아는?(那么, 威尼斯呢)〉, 〈누가 가고 누가 남는가〉 등을 발표했다.

쉬어가기

[치링허우(七零后)]

사회학자들이 제2차 세계대전 이후 세대를 10년마다 묶어서 사회발전을 연구할 때에 사용한 용어에서, '치링허우(七零后)' 혹은 '70허우(70后)'는 1970년 1월 1일에서 1979년 12월 31일 사이에 태어난 사람을 가리킨다. 이들은 중국의 개혁개방(改革开放)과 사회시스템의 변화에 따라 새로운 개인주의와 물질주의 형성되는 시기와 맞물려 성장한 세대이다.

'바링허우(八零后) 혹은 '80허우(80后)'는 1980년 1월 1일에서 1989년 12월 31일에 태어난 사람들을 가리킨다. 때로 1970년대 말에 태어난 세대를 모두 지칭하기도 한다. 미국에서는 이 세대를 'Y一代(Y세대)'라 부른다. 바링허우는 중국에서 가족계획 정책을 실시한 뒤에 태어난 세대의 대명사이다.

'주링허우(九零后)' 혹은 '90허우(90后)'는 1990년 1월 1일에서 1999년 12월 31일 사이에 태어난 세대를 가리킨다. 이들이 태어났을 때는 개혁개방의 성과가 분명하게 드러났고, 동시에 정보산업이 비약적으로 발전한 시기였다. 그래서 이들은 정보시대의 특혜를 누릴 수 있었다. 중국의 주링허우는 자유분방한 사고방식을 갖고 과학기술의 발전을 선도하고 또 미래에 대해 낙관적인 태도를 갖고 있다. 이러한 특성들이 그들을 미래 세계의 가장 '무서운' 중국인 세대(最"可怕"的一代中国人)'가 되게 했다고 한다.

[위여우쩌(于友泽)]

위여우쩌(필명 江河, 1949-)는 연작시 〈조국이여, 조국(祖国啊, 祖国)〉, 〈기념비(纪念碑)〉, 〈장례(葬礼)〉, 〈다 쓰지 못한 시(没有写完的诗)〉 등을 썼다. 양롄(杨炼, 1955-)과 함께 강한 사회의식을 표출하여 '서사시' 시인으로 평가된다. 몽롱시 계열의 일원이었고, 민족의 생존투쟁과 문화전통에 대한 꼼꼼한 관찰을 바탕으로 현실적 사회문제로 확대시켜서 사색했다. 시집 《태양과 반사광(太阳和它的反光)》(1987)을 출판했다.

西川

바람이 일다

하얼가이에서 별이 총총한 하늘을 올려다보며

저녁 햇살 속의 박쥐

꾸며낸 족보

나쁜 놈

起风

在哈尔盖仰望星空

夕光中的蝙蝠

虚构的家谱

坏蛋

시촨

시촨(西川, 1963-), 본명은 류쥔(刘军)이다. 그는 장쑤(江苏) 쉬저우(徐州)에서 태어났고, 어렸을 때에 베이징으로 이사했다. 1985년에 베이징대학 영문과를 졸업한 뒤, 신화사 국제부에 근무한 적이 있고, 현재는 중앙미술대학에 재직고 있다. 2002년에는 미국 아이오아대학에서 방문학자로도 있었다. 그는 1980년대부터 전국적인 시가 운동에 투신하여《경향倾向》,《현대한시现代汉诗》등을 창간하거나 편집에 참여하였다. 하이쯔(海子)와 뤄이허(骆一禾)와 함께 '베이징대학 시인 삼총사(北大三诗人)'로 불렸다. 현재에도 중국 및 해외에서 활발히 활동하고 있다. 시집으로《중국의 장미(中国的玫瑰)》(1991),《은밀한 모임(隐秘的汇合)》(1997),《대체로 이러하다(大意如此)》(1997),《꾸며낸 족보(虚构的家谱)》(1997),《시촨의 시(西川的诗)》(1999) 등과 수필집으로《물에 젖어(水渍)》(1997),《복면인에게 말하게 하라(让蒙面人说话)》(1997) 등을 출판했다.《하이쯔의 시(海子的诗)》(1995)와《하이쯔 시 전집(海子诗全编)》(1997)을 편집해 출판하였고, 평론집에《외국문학 명작독본·시가(外国文学名作导读本.诗歌卷)》(2001), 번역 작품에《보르헤스의 말(博尔赫斯八十忆旧)》(2004),《밀로스사전(米沃什词典)》(2004) 등이 있다.

바람이 일다

바람이 일기 전에 숲은 온통 고요해
바람이 불기 전에 햇빛과 구름은
쉽게 등한시되지 그것들이 마치
존재의 필요가 없는 듯이 등한시 되지
바람이 불기 전에 숲을 가로질러간 사람은
기억이 없는 사람
속세를 피해 은거한 사람
바람이 일기 전에 정확히 말하기 어려워
겨울의 바람이 더욱 사납게 부는지
아니면 여름의 바람이 더욱 사납게 부는지

나는 세 해 동안 그 숲에 간 적이 없네
바람이 분 뒤에야 거기에 갔지

起风

起风以前树林一片寂静
起风以前阳光和云影
容易被忽略仿佛它们没有
存在的必要
起风以前穿过树林的人
是没有记忆的人
一个遁世者
起风以前说不准
是冬天的风刮得更凶
还是夏天的风刮得更凶

我有三年未到过那片树林
我走到那里在起风以后

하얼가이에서 별이 총총한 하늘을 올려다보며

그대가 어찌할 수 없는 어떤 신비함이 있어
그대는 그저 방관자의 역할을 담당할 뿐
그 신비한 힘에 내맡기니
아득히 먼 곳에서 신호를 보내고
빛을 내뿜어 그대의 심장을 꿰뚫는구나
오늘 밤처럼 하얼가이에서
도시를 멀리 떠난 이 삭막한
곳에서, 이 티베트고원 위에 있는
누에콩만한 크기의 기차역 옆에서
나는 머리를 들어 별이 총총한 하늘을 바라본다
이때 은하수는 말이 없고 새의 날개 짓은 드물구나
푸른 풀은 뭇 별들을 향해 미친 듯이 자란다
새떼는 비상을 잊어버렸나
바람은 드넓은 밤에도 불고 내게도 불고
바람은 미래로도 불고 과거로도 분다
나는 어떤 사람,
기름등잔을 밝힌 어떤 오막집이 되어
성찬(圣餐)을 받은 아이처럼
용기를 냈지만 숨을 죽였다

在哈尔盖仰望星空

有一种神秘你无法驾驭
你只能充当旁观者的角色
听凭那神秘的力量
从遥远的地方发出信号
射出光来穿透你的心
像今夜，在哈尔盖
在这个远离城市的荒凉的
地方，在这个青藏高原上的
一个蚕豆般大小的火车站旁
我抬起头来眺望星空
这时河汉无声，鸟翼稀薄
青草向着群星疯狂地生长
鸟群忘记了飞翔
风吹着空旷的夜也吹着我
风吹着未来也吹着过去
我成为某个人，某间
点着油灯的陋室
我像一个领取圣餐的孩子
放大了胆子，但屏住呼吸

저녁 햇살 속의 박쥐

고야의 그림 속에서 녀석들은 예술가에게
악몽을 가져다 주었다. 녀석들은 위아래 뒤집혀서
퍼뜩 왼쪽으로 날다가 퍼뜩 오른쪽으로 난다. 녀석들은 소곤거리지만
예술가를 불러 깨우지는 않는다

말할 수 없는 기쁨이 지금 녀석들의
인류의 얼굴 위로 떠오른다. 새 같지만
새가 아닌 이 생물들, 온몸이 새까맣다
어둠과 결합하여, 영원히 꽃을 피우지 못하는 씨앗처럼

해탈을 바랄 수 없는 요정이
맹목적이고 흉악한 것처럼, 의지에 의해 이끌려
때로 또 나뭇가지 가장자리에 거꾸로 매달린다
마른 나뭇잎 한 닢 한 닢처럼 사람을 애달프게 하며

하지만 또 다른 이야기 속에서 녀석들은
축축한 동굴 속에 둥지를 튼다
해가 산에서 질 때는 녀석들이 외출하는 시간
먹이를 찾고 새끼를 낳고 기르며, 그런 다음에 소리없이 자취를 감춘다

녀석들은 몽유병자를 강제로 패거리에 끌어들이고
녀석들은 그가 손에 들고 있는 횃불을 빼앗고 그것을 꺼버릴 것이다
녀석들은 침입한 이리도 쫓아내서
그 놈을 산골짜기로 떨어지게 할 것이다, 할 말이 없도록

밤에 만약 칭얼대며 잠들지 않는 아이가 있다면
그건 정말 박쥐 한 마리가
눈이 시고 아프도록 밤을 샌 사람의 눈에 숨어들어
근처에 와서, 그에게 운명을 말하도록 했기 때문이리라

박쥐 한 마리, 두 마리, 세 마리
재산 없이 집 없이 어떻게 사람에게
복지를 가져다줄까? 달이 차고 기울기에 녀석들의
깃털은 다 빠졌다 녀석들은 못생기고 이름도 없다

녀석들의 무쇠심장은 이제껏 나를 감동시킨 적이 없지만
어떤 여름 황혼녘
내가 옛날 살던 곳을 지날 때 개구쟁이 아이들을 보았을 때
훨씬 많은 박쥐들이 그 아이들의 머리꼭대기에서 날아 오르내리는
것을 보았다

저녁 햇살이 골목 안에 그림자를 드리우고
그 박쥐들을 위해서 옷을 금빛으로 도금해 주니
녀석들은 그 페인트칠이 벗겨진 큰길에 난 문밖에서 위아래로 날면서
운명에 대해서는 오히려 침묵하고 말하지 않는다

오래된 사물 중에서 박쥐 한 마리
바로 그리움 하나이다. 녀석들의 한가로운 자태가
나를 붙잡아 두고 나를 오래도록 머물게 했다
그 도시 한 구석에서, 내가 자란 골목 안에서

夕光中的蝙蝠

在戈雅的绘画里它们给艺术家
带来了噩梦。它们上下翻飞
忽左忽右；它们窃窃私语
却从不把艺术家吵醒

说不出的快乐浮现在它们那
人类的面孔上。这些似鸟
而不是鸟的生物，浑身漆黑
与黑暗结合，似永不开花的种籽

似无望解脱的精灵
盲目，凶残，被意志引导
有时又倒挂在枝丫上
似片片枯叶，令人哀悯

而在其他故事里，它们在
潮湿的岩穴里栖身
太阳落山是它们出行的时刻
觅食，生育，然后无影无踪

它们会强拉一个梦游人入伙
它们会夺下他手中的火把将它熄灭
它们也会赶走一只入侵的狼
让它跌落山谷，无话可说

在夜晚，如果有孩子迟迟不睡
那定是由于一只蝙蝠
躲过了守夜人酸痛的眼睛
来到附近，向他讲述命运

一只，两只，三只蝙蝠
没有财产，没有家园，怎能给人
带来福祉？月亮的盈亏退尽了它们的
羽毛；它们是丑陋的，也是无名的

它们的铁石心肠从未使我动心
直到有一个夏季黄昏
我路过旧居时看到一群玩耍的孩子
看到更多的蝙蝠在他们头顶翻飞

夕光在胡同里布下了阴影
也为那些蝙蝠镀上了金衣
它们翻飞在那油漆剥落的街门外
对于命运却沉默不语

在古老的事物中，一只蝙蝠
正是一种怀念。它们闲暇的姿态
挽留了我，使我久久停留
在那片城区，在我长大的胡同里

꾸며낸 족보

꿈의 형식으로, 왕조의 형식으로
시간이 나의 몸을 가로질렀다. 시간은 성냥 한 갑 같이
때로 느닷없이 다 타버릴 수 있을 터
나는 시작도 없고 끝도 없는 큰 강물을 분명히 보았다
등잔 불 하나하나 그 어두운 그림자 흔들거리는 강변 도시들을 밝혀준다

내가 세상에 온 데는 틀림없이 이유가 있을 터
나의 손발은 누구의 손발로 원형을 삼았을까?
새 한 마리 나의 머리 꼭대기에 앉은 건 나를 바위라 여겨서겠지
만약 내가 그놈을 휘저어 쫓으면, 그놈은 또
누군가의 머리 꼭대기로 가서 앉고 다시 고개를 돌려 나의 행방을
찾아 두리번거리겠지?

등잔불 하나하나 어두운 그림자 흔들거리는 강변 도시들을 밝혀준다
쓸데없는 이야기가 밤에 파묻힌 통소소리들
널리널리 퍼지네. 족보는 계속 쓰여지고
생명의 쇠사슬이 철커덕철커덕 소리 낸다
누가 맨 마지막에 침묵을 끝맺음으로 삼을까?

나는 내 온 얼굴이 주름투성이인 늙은 아버지를 보았다
점차 이 나라와 완전히 하나가 된
나는 그가 아니라고 말하기 어려우리라. 신중한 성격이
그를 평생 동안 편안하게 했으니.
그가 나를 대신해 생계를 꾸리고 뜻을 굽히고 아부한 건 아니라고
말하기 어려우리라

그는 나의 할아버지에대해 거의 말하지 않으니.
나는 어렴풋이 기억할 뿐
어떤 노인이 담배 속에 비싸게 들인 참기름을 섞는다
아득한 여름철, 어떤 노인이 지난 일에 얽매여
3백년을 거슬러 올라가니 몇몇 사내가 통쾌하게 마시고 있고
3천년을 거슬러 올라가니 한 가족 몇 사람이 경작하고 있다

바닷물 한 방울에서 산둥의 작디작은 마을까지
장쑤의 적은 재산 한 더미에서 오늘밤 나의 스탠드까지
많은 사람들이 살아가고 있네. 문맹, 수재,
도적, 소기업주……어떤 결혼이
나를 물려주을까? 나는 한나라의 황궁에서 한가하게 노닐었던
것일까, 아닐까?

하나 하나 칼의 밤, 밤하늘 밤
죽음도 가쁜 숨을 막지 못한 여명
내가 많은 조상의 이름들을 꾸며내고 일일이 큰소리로 부르니
응답하고 있는 목소리들을 들을 수는 있지만, 나는
그들을 볼 수 없네. 내가 자신의 얼굴을 볼 수 없는 것처럼

虚构的家谱

以梦的形式，以朝代的形式
时间穿过我的躯体。时间像一盒火柴
有时会突然全部燃烧
我分明看到一条大河无始无终
一盏盏灯，照亮那些幽影幢幢的河畔城

我来到世间定有些缘由
我的手脚是以谁的手脚为原型？
一只鸟落在我的头顶，以为我是岩石
如果我将它挥去，它又会落向
谁的头顶，并回头张望我的行踪？

一盏盏灯，照亮那些幽影幢幢的河畔城
一些闲话被埋葬于夜晚的箫声
繁衍。繁衍。家谱被续写
生命的铁链哗哗作响
谁将最终沉默，作为它的结束?

我看到我皱纹满脸的老父亲
渐渐和这个国家融为一体
很难说我不是他：谨慎的性格
使他一生平安：很难说
他不是代替我忙于生计，委曲逢迎

他很少谈及我的祖父。我只约略记得
一个老人在烟草中和进昂贵的香油
遥远的夏季，一个老人被往事纠缠
上溯三百年是几个男人在豪饮
上溯三千年是一家数口在耕种

从大海的一滴水到山东一个小小的村落
从江苏一份薄产到今夜我的台灯
那么多人活着：文盲、秀才、
土匪、小业主……什么样的婚姻
传下了我? 我是否游荡过汉代的皇宫？

一个个刀剑之夜、贩运之夜
死亡也未能阻止喘息的黎明
我虚构出众多祖先的名字，逐一呼喊
总能听到一些声音在应答；但我
看不见他们，就像我看不见自己的面孔

나쁜 놈

그의 은어에는 유행가의 매력이 있지만
그의 대머리는 그가 예전에 금지구역에서 돌아다닌 걸 나타낸다
그는 우리에 비해 우레와 번개를 결코 더 무서워하지 않는다
물론 그의 죄행의 대부분은 이제껏 대중에게 공개되지 않았다

아름다움에 대한 그의 감각은 우리를 시샘하게 한다
또 그가 양같이 순한 처녀를 말끝마다 상스러운 말로 업신여긴 걸 보게나
유쾌할 때면 그도 세상의 불공정함을 불평하지만
또 그가 똘마니들을 대학과 캬바레에 들여보낸 걸 보게나

우리는 그가 나쁘고 게다가 우리 주변에 있는 것이 나쁘다고 확신한다
왜냐하면 우리의 딸이 모두 꽃다운 나이로 자랐기 때문이다
왜냐하면 우리의 금고는 신문지로 붙이고
안에 우리의 저금통장과 양심을 채웠기 때문이다

그의 가짜눈동자는 진정으로 흉학한 빛을 내뿜는다
그의 고약한 냄새까지도 우리의 자존심을 침해할 것이니
이 나쁜 놈(우리 마음속의 그림자)에 대응하기 위해
우리는 과일칼을 갈고 함정을 팠다
그가 일단 우리 손 안에 떨어지면 우리는 즉시

형법을 제정해 그를 고문용 의자 위로 보낼 터
아니면 그의 머리를 잘라내 머리뼈를 갖고 집에 돌아가
우리의 아이에게 소묘의 기본 기술을 연습하게 하리라

나쁜 놈에 대한 이 망상이 우리를 긴장하게 한다
최대한도까지 긴장하면 할 수 없이 재차 느슨하게
그를 용서하자, 아, 육체를 용서하는 어두운 본, 그러나, 아니야!
잠시 우리가 하는 미친 소리를 들으니 또한 머릿속에 피비린내
가득하다
그의 죄행(혹은 광분이라고 해도 된다)이 몽유는 아마 아니겠지?
하지만 설사 몽유라고 해도 우리가 그를 깨울 정도로 어리석지는 않다
일단 그가 일어나 기지개를 켜면
좋은 사람과 나쁜 놈을 분명히 가리기 어렵게 되니까

우리는 우리가 나쁜 놈이 아닌지 밝히도록 노력해야 한다
(설사 나쁜 것이 생활의 필수품이라 해도)
우리는 딸을 내놓고 저금통장을 열고
게다가 온 얼굴에 미소를 지으며 그를 환영하고 대접하지 않을 수 없으니

坏蛋

他的黑话有流行歌曲的魅力
而他的秃脑壳表明他曾在禁区里穿行
他并不比我们更害怕雷电
当然他的大部分罪行从未公之于众

他对美的直觉令我们妒恨
且看他把绵羊似的姑娘欺侮到脏话满嘴
可在他愉快时他也抱怨世界的不公正
且看他把喽啰们派进了大学和歌舞厅

我们认定他坏而且坏在我们身边
因为我们的女儿都已发育到妙龄
因为我们的保险柜是用报纸糊成
里面锁着我们的存折和良心

他的假眼珠闪射真正的凶光
连他的臭味也会损害我们的自尊心
为了对付这个坏蛋（我们心中的阴影）
我们磨好了菜刀，挖好了陷阱
一旦他落入我们手中，我们就将

制定一部刑法，把他送上老虎凳
或者剁下他的头颅，带着头骨回家
让我们的孩子练习素描的基本功

这对于坏蛋的狂想令我们紧张
紧张到极限只好再度放松
宽容他吧，啊，宽容肉体的黑夜，可是，不！
且听我们说起疯话也是满脑子血腥

而他的罪行（或称疯狂）该不是梦游？
但即便是梦游我们也不会蠢到把他弄醒
一旦他醒来，伸个懒腰
好人和坏蛋就难于分清

我们就得努力分辩我们不是坏蛋
（尽管坏是生活的必需品）
我们不得不献出女儿，打开保险柜
并且满脸堆笑为他洗尘接风

시어 주석

起风 qǐfēng 바람이 일다, 바람이 불다

遁世者 dùnshìzhě 속세를 피해 은거한 사람

哈尔盖 Hā'ěrgài 하얼가이, 칭하이성(青海省) 하이베이티베트족자치주(海北藏族自治州) 관할 강차현(刚察县) 경계 남쪽에 위치한다. 1958년 하얼가이구(哈尔盖区)를 설치했고, 같은 해에 하얼가이공사(哈尔盖公社)로 바뀌었다가 1962년 하얼가이향(哈尔盖乡)으로, 1969년 하가이공사(哈盖公社_로, 1984년 하얼가이진향(哈尔盖镇乡)으로 명칭이 바뀌었다. 2004년에 강차현 구획을 정리하면서 러수이진(热水镇)이 되었다가 200년 8월에 하얼가이진(哈尔盖镇)이 되었다.

驾驭 jiàyù 부리다, 몰다, 지배하다

青藏高原 Qīngcánggāoyuán 티베트고원(Qinghai-Tibet Plateau), 중국에서 가장 크고, 세계에서 해발 높이가 가장 높은 고원으로 '세계의 지붕(世界屋脊)', '제3극(第三极)'이라 불린다.

眺望 tiàowàng (멀리) 바라보다, 조망하다

河汉 héhàn 은하수, 허황된 말

飞翔 fēixiáng 비상하다, 하늘을 빙빙 돌며 날다

陋室 lòushì 오막살이, 누추한 집, 나의 집

蝙蝠 biānfú 박쥐, 기회주의자

戈雅　　고야(Francisco de Goya, 1746-1828)는 18세기부터 19세기 초반까지 고전주의와 낭만주의가 교차하는 시대를 살았으므로 귀족적인 화려함과 민중적인 빈곤함을 모두 경험하고, 진보적인 사상을 갖고 시민사회를 추종한 스페인의 궁정화가였다. 뛰어난 초상화가이자 풍속화가로서도 명성이 높다.

窃窃私语 qièqièsīyǔ 소곤거리다, 도란거리다

浑身 húnshēn　온몸, 전신

种籽 zhǒngzǐ　씨앗, 종자

盲目 mángmù　맹목적이다,

虚构 xūgòu　꾸며내다, 허구하다, 날조하다

家谱 jiāpǔ　족보, 가보

朝代 cháodài　왕조, 왕조의 연대

无始无终 wúshǐwúzhōng 시작도 없고 끝도 없다, 시간적 제한이 전혀 없는 상태를 말하고, 넓은 의미에서 우주의 드넓음이 시작도 없고 끝도 없음을 나타내는 철학적 개념이다.

行踪 xíngzōng　행방, 소재, 종적

坏蛋 huàidàn　나쁜 놈, 악당

黑话 hēihuà　은어, 암호말

魅力 mèilì　매력

禁区 jìnqū　금지구역, 보호구역

雷电 léidiàn　우레와 번개

绵羊 miányáng　(사람이) 착하다, 온순하다, 면양

脏话 zānghuà　상스러운 말, 추잡한 말

喽啰 lóuluó　똘마니, 반동파의 졸개, 도적의 부하

妙龄 miàolíng 꽃다운 나이

保险柜 bǎoxiǎnguì 금고

存折 cúnzhé 저금통장, 통장

陷阱 xiànjǐng 함정, 흉계

해설

시촨은 시란 모름지기 지식인적인 시 정신을 담아야 한다고 주장한다. 그는 1980년대에 전국적인 '청년시가운동(青年诗歌运动)'에 참여했고, 친구들과 함께 민간 시 전문잡지인 《경향(倾向)》(1988-1991)을 창간했고, 민간 시 전문잡지인 《현대한시(现代汉诗)》의 편집에도 참여했다. 그는 어린 시절에 중국 전통 수묵화를 배웠고, 또 전통 서예와 고전시를 익혔다. 시단에 나온 뒤에도 이백(李白, 701-762)을 비롯하여 미국 시인 에즈라 파운드, 라틴아메리카 지역의 파블로 네루다(Pablo Neruda, 1904-1973)나 보르헤스(Jorge Luis Borges, 1899-1986) 등의 시에 깊은 흥미를 갖고 있었다고 하니, 이러한 소양이 그의 시적 기교와 예술적 심미적 경향의 형성에 커다란 영향을 끼쳤을 것이다.

시촨은 〈시의 연금술(诗歌炼金术)〉(《诗探索》, 1994)이란 글에서, "시인이라면 과거, 현재, 미래를 한 몸에 아우를 수 있어야 한다. 시인의 꿈은 현재의 것만도 아니며, 과거의 것만도 아니며, 미래의 것만도 아니다." 또한 "시의 언어 문제는 시인의 영혼, 세계관, 가치관 등 다방면에서 언급되어야 한다." 하고 주장했다. 그는 이처럼 자신의 사상과 시적 예술을 발전시키는데 쉬지 않고 매진하였다. 단순한 서정적 색조로부터 1986년 이후로 갈수록 '장바닥 말투로 서민생활을 묘사(市井口语描写平民生活)'하는 당시 시단의 '민간입장(民间立场)' 경향에 대해 그는 창작 초기 단계부터 반발하면서 '지식인창작(知识分子立场)'을 제기했다. 하지만 가장 절친한 벗 하이쯔와 뤄이허의 연이은 죽음은 그의 세계관에 커다란 변화와 충격을 주었다. 그때 그는 '운명성'을 절감했고, 시적 패러독스의 진정한 힘을 깨닫게 되었다. 그는 이러한 변화를 〈하얼가이에서 별이 총총한 하늘을 올려다보며〉에서 솔직하고 진지하게 반영했다. 이 시는 그가 1980년에 칭하이성(青海省) 하얼가이에서 칭하이호수로 가서 그곳 풍경을 둘러본 다음에 썼다. 이 시는 시촨의 시작(诗作) 가운데서 가장 널리 알려진 시이며, 시적 아우라는 일상성과 친근함을 뛰어넘은 어떤 불가항력적인 신성에 대한 경외감이라 하겠다. 깊은 밤에 아득히 드넓은 중국 서부의 "누에콩만한 기차역 옆에서", 머리 위의 은하수를 바라보고 있는 시인과 그 광경을 상상해보자. 그 아득히 먼 세계가 골수로 스며들 때에 언어로는 다 표현할 수 없는 아찔함이 느껴질 것이다. 이때, 시인은 말로 표현할 수 없는 경이로움에 휩싸였고, 뭐라 말하고 싶은데 할 말을 잊어버렸다. 그는 주관적인 이미지를 빌리려고 하지만, 어떤 언어든지 모두 완벽하지 못하다. 말로 표현하는 순간에 그의 이 마음속의, 눈앞의 초현실적인 풍경이 모조리 사라질 것이기 때문이다. 이 최대한도로 절제된 시적 정취가 반대로 무한히 흩어지면서 시인을 시인 '밖'으로 끌어내서 천지자연에 동참하는 시적 효과를 이루었다. 시의 목적은 현실세계를 통해서 다른 세계를 제시하는 것이다. 그 세계는 말이 없고 시리도록 깨끗하고 맑고 투명하다. 이 시는 순수한 감각을 그대로 투사해내며, 미감과 형식 방면에서 신성하면서도 영원한 별이 총총한 하늘의 호응을 이끌어내서 세속적인 인생의 추함과 혼란스러움을 암시한다. 어떤 평론가는 "시인은 이 시에서 자신이 끊임없이 추구해온 '종교와 같은 정화작용'을 완성하여, 독자에게 세속적인 일상 속에서 기적이 발생할 것 같은 신비한 믿음을 갖게 만들었다"고 평가했다.(陈超,《20世纪中国探索·诗鉴赏》)

시촨의 시는 겉으로 보기에는 물결 없는 수면처럼 잔잔하고 고요하다. 평론가들은 시촨이 시의 내부 구조와 기교의 완벽성을 추구하면서도 절제와 질서를 중시하며, 시가 갖추어야할 최고의 경지를 요구한다고 말한다. 그래서 그의 시는 때로는 시인의 초조한 심리를 여과 없이 드러내며, 때로는 분노에 휩싸인 채로도 현실 초월에 대해서 집요하리만치 연연한다. 시촨은 생명의 신비 내지는 어떤 절대적인 진리에 대한 끊임없는 정신적 탐구를 보여준다. 그는 시선을 항상 구체적인 이미지를 관찰하는데 두지만, 이 이미지가 종종 숭고한 목적을 상징하고, 이러한 숭고함은 비정치적인 의미에서 정신적 구원을 가리킨다. 그리하여 〈저녁 햇살 속의 박쥐〉에서처럼 박쥐에 대해서도 존경심과 두려움을 갖게 된 것이다.

시촨이 미국 시인인 윌리스 반스토운(Willis Barnstone, 1927-)이 쓴 보르헤스 방담록《보르헤스의 말(Borges at eighty)》을 번역한 것에서도 그가 보르헤스의 영향을 많이 받은 것을 알 수 있을 것 같다. 시촨은 인텔리적인 기질이 농후한 시인이며, 시에 대해서는 일종의 낭만주의적인 신념을 갖고 있는 것 같다. 1990년대로 들어서면서 그의 시는 시야가 확대되었고, 언어구사도 한층 노련해졌으며 가지런한 구조 속에 예술형식의 변화를 꾀하였다. 그러나 시촨은 어우양장허나 왕자신과 같이 그렇게 사회적 역사적 사건에 주목하고 그것을 창작에 반영하려고 애쓰지 않는다. 오히려 그는 사건을 대하는 사람의 특수한 느낌에 더욱 주목하여 그것과 개인의 생존 의미와 같은 구조나 새로운 구조가 발휘하는 효과를 강조한다. 어떤 의미에서 이러한 시적 처리는 그의 작품이 주는 감동을 다소 감소시키지만, 다른 각도에서 보면 되돌아보고 사색할 수 있는 여지를 훨씬 확대시킨다고 말할 수 있다.

쉬어가기

[청년시가운동(青年诗歌运动)]

‘청년시가운동’은 1979년 베이징에서 민간 간행물《오늘》이 창간되자 그것과 관련한 젊은 시인들의 문학예술 활동에서 시작되었고, 1980년의 ‘몽롱시 논쟁’과 1986년 ‘현대시단체 페스티벌(现代诗群体大展)’의 거행으로 두 차례 절정에 올랐으나, 1989년을 고비로 시들해졌다고 보는 것이 일반론이다.(杨长征, 〈迷途: 当代青年诗歌运动〉,《中国青年研究》, 제2기, 1989)

[‘민간입장(民间立场)’과 ‘지식인창작(知识分子立场)’]

베이다오를 중심으로 한 몽롱시가 시단을 풍미한 다음에 ‘지식인창작’과 ‘민간입장’이 대두되었다. 양커(杨克, 1957-)가 편집한《1998년도 중국신시연감(1998中国新诗年鉴)》(花城出版社, 1999년 2월)의 표지에 ‘예술적으로 우리는 진정하고 영원한 민간입장을 계승한다(艺术上我们秉承真正的永恒的民间立场)’는 문구를 인쇄하여 출판한 뒤로 ‘민간입장’이란 용어가 널리 사용되었고, 1999년 10월 베이징 핑구현(平谷县)에 있는 판펑호텔(盘峰宾馆)에서 ‘판펑시회(盘峰诗会, ‘世纪之交：中国诗歌创作态势与理论建设研讨会’의 약칭)’가 개최되었다. 이는 몽롱시 창작과 관련한 토론 이래로 중국 시단에서 전개된 최대의 논쟁이라고 할 수 있다. 이후에 시단에서 ‘민간입장’이란 말이 유행했다.

[시촨—하이즈—뤄이허]

- 베이징대학에서 시촨은 그의 절친한 친구인 하이즈(海子, 1964-1989), 뤄이허(骆一禾, 1961-1989)와 함께 '베이징대학 세 시인', '협객 삼총사'로 불렸다. 이들 삼총사는 모두 몽롱시 이후의 새로운 시의 등장을 희망했다는 점에서 의기투합하였고, 이상주의적인 추구와 낭만주의적인 정신적 기질을 공유하였다. 또한 이들은 집단적인 국가 이데올로기를 희석시키고 개인의 생명의식을 확장시켜 자유로운 시적 세계로 끌어들이고자 노력하였다. 그들의 시적 정신과 예술적 기교는 당시 시단의 중심 흐름과는 전혀 달랐다. 그들 세 사람은 사상관념 차원에서의 비판과 사색적인 색채를 유지하였지만, 심미적 이상과 창작 경향은 각자 비교적 독립적인 입장을 갖고 있었다. 하이즈는 정신탐구에 집요하게 매달렸다면, 뤄이허는 다양한 사색에 몰두하였다. 하이즈는 초기에는 양롄의 서사시와 창야오의 시에 주목하였지만, 예술적 영감은 주로 '농촌의 아들'이라는 그리움 정서와 그와 관련된 지식세계 속에서 나왔다. 뤄이허는 베이다오, 창야오의 작품에 대해 비교적 심오한 차원에서 흥미를 가졌다. 시촨은 시의 우아함과 냉정함에 치중하였다.(《中国新诗》, 2002)

- 하이즈(海子), 본명은 차하이성(查海生)이다. 1964년 3월 24일, 안후이성(安徽省) 화이닝현(怀宁县) 가오허차만(高河查湾)에서 태어났고 시골에서 성장했다. 1979년 열다섯 살 때에 베이징대학 법률학과에 입학했고, 재학 중에 시 창작을 시작했다. 1983년 베이징대학을 졸업한 뒤에 베이징의 중국법정대학(中国政法大学) 철학과 교연실(教研室)에 배치되어 근무했다. 그러나 1989년 3월 26일 산하이관 철로에 누워 자살하여 사회에 큰 충격을 던졌다. 장편시 〈하지단 물, 물(但是水, 水)〉, 〈토지(土地)〉, 〈대법령(大扎撒)〉(미완성)과 시극(诗剧) 〈태양(太阳)〉(미

완성), 첫 번째 합창극(合唱剧) 〈메시아(弥赛亚)〉, 극본 〈시해(弑)〉와 서정시 200수 정도를 남겼다. 출판한 시집에 《토지(土地)》(1990), 《하이쯔와 뤄이허 작품집(海子、骆一禾作品集)》(1991), 《하이쯔의 시(海子的诗)》(1995), 《하이쯔시전편(海子诗全编)》(1997)이 있다.

- 뤄이허(骆一禾)는 베이징 사람으로 어렸을 때 부모를 따라 허난(河南) 화이허평원(淮河平原)에 내려가 살았고, 1979년 9월에 베이징대학 중문과(中国语言文学系)에 입학했다. 1984년 9월 베이징대학을 졸업한 뒤에 베이징 《시월(十月)》 잡지의 편집을 맡았다. 1988년 《시간(诗刊)》이 주관하여 개최한 청춘시회(青春诗会)에 참석했다. 그러나 애석하게도 1989년 5월 31일, 뇌일혈로 사망했다. 당시 그는 스물여덟 살이었다. 그가 사망한 뒤에 이듬해에 춘풍문예출판사(春风文艺出版社)가 그의 장편시 《세계의 피(世界的血)》를 출판했다. 이외에 주요 저작에 《청년시단(青年诗坛)》, 《덴츠(滇池)》, 《산시문학(山西文学)》, 《영혼(灵魂)》, 《기념(纪念)》, 《하이쯔와 뤄이허 작품집(海子、骆一禾作品集)》, 《뤄이허시전편(骆一禾诗全编)》이 있다.

梁秉钧

노란 고추

사람의 얼굴

새로 빚은 막걸리

도중에

돌솥비빔밥

黃色的辣椒

人面

新濾酒

半途

石鍋拌飯(Bibimbap)

량빙쥔

량빙쥔(梁秉钧, 1948-2013), 필명이 예쓰(也斯)이고, 홍콩의 유명한 시인, 수필가, 소설가이자 학자이다. 그런데 시를 발표할 때는 본명을 썼다. 광둥(广东) 신후이(新会)에서 태어났고, 홍콩에서 성장했다. 미국 캘리포니아 대학 센디에고 캠퍼스에서 비교문학 전공으로 박사학위를 취득했고, 홍콩대학 비교문학과, 홍콩 링난대학(岭南大学) 중문과 등에 재직하며, 모더니즘 문예사조와 도시문화, 영화문화 등에 대해 연구했다. 1960년대에 창작을 시작했고, 프랑스, 라틴아메리카와 미국의 저항성 짙은 문학을 번역 소개했다. 문학평론을 쓰고 문예 간행물 편집장을 맡고 또 벗들과 잡지를 간행하여 홍콩의 문예창작의 발전에 커다란 기여를 했다. 시집에 제4회 홍콩중국어문학 비엔날레 상(香港中文文学双年奖)을 수상한 작품이 수록된《도중——량빙쥔 시선(半途——梁秉钧诗选)》,《우렛소리와 매미 울음(雷声与蝉鸣)》,《유리된 시(游离的诗)》, 수필집《신화오찬(神话午餐)》,《거리와 골목 사람들(街巷人物)》,《베를린을 걸으며(在柏林走路)》, 소설집《종이 오리기(剪纸)》,《새와 대륙(岛和大陆)》,《프라하의 우편엽서(布拉格的明信片)》(제1회 홍콩중국어문학 비엔날레 상 수상),《후식민 음식과 사랑(后殖民食物与爱情)》(제11회 홍콩중국어문학 비엔날레 상 수상) 등이 있다. 한국에는 2004년 이래 다섯번씩이나 방문하고 한국 소재의 시나 수필은 여러 편 발표 할 정도로 친근감을 갖고 있었으나 2013년 애석하게도 63세의 나이로 세상을 떴다.

노란 고추

노란 고추
붉은 고추
나는 너의 밝음이
나의 식탁을 밝게 만드는걸 좋아한다
아침 식사의 접시 위에서
덮어놓고 시작해
바삐 어지러이 끝나지만
금방 궤도를 벗어난 듯한 맛
즐거운 느낌을 남긴다

너는 아름다운 타피스트리
너는 이슬비의 작은 도시
네가 먼 길을 와
너의 식단 게임에 들어가
진한 생선탕 속에서
자기 자신의 맛을 풍기며
평범한 치즈와 함께 먹을 때
튀는 색깔을 보태는데 감사한다
너는 내 매일의 영양일지니

너는 온천을 가진 도시
너는 빼어난 자수의 고향
너는 교각이 없는 큰 다리
음악 속에서 산산이 부서진 온전함
너는 바이올린의 어깨를 빌려
오래된 성 안에서 먼 곳을 몰래 바라보는 둥근 창
익살맞을 수 있지만 오히려 절대 평범함이 아니니
너는 어젯밤의 따뜻한 침대
때마침 새로운 상상을 담을 수 있으리라

바닷바람을 맞으며 자라서
너의 마음은 따뜻하고 부드럽게 바뀔 수 있으니
몸은 뽐내는 초롱
너는 춤추는 꼭두각시
오페라를 부르는 농민
너에게 뚜렷한 개성이 있지
하지만 너는 결코 맵지 않아
너는 가난한 아이
하지만 너는 결코 초라하지 않아

진한 소고기잡채 한 통 안에
사람을 활짝 웃게 만드는 조각조각의 개운함
너는 짓궂은 높은 음
얽히고 설킨 식물 관계 속에서
시원시원한 웃는 모습으로 자신을 드러내니
노란 고추
붉은 고추
나는 영원히 너를 지지할 것이다
평범함에 대항하는 입맛을

1998년 11월 1일

黄色的辣椒

黄色的辣椒
红色的辣椒
我爱你的明亮
照亮了我的餐桌
从早餐的碟子上
不由分说地开始
匆忙混乱地结束
刚刚出轨的味道
留下愉快的感觉

你是艳丽的挂毡
你是微雨的小城
感谢你远道而来
进入你的菜单游戏
在浓浓的鱼汤里
散发自己的味道
与平凡的奶酪同吃
增加跳脱的颜色
你是我每日的营养

你是有温泉的城市
你是擅长刺绣的故乡
你是没有桥墩的大桥
音乐里破碎的完整
你借来小提琴的肩膀
古堡里偷望远方的圆窗
可能滑稽但却绝不平庸
你是昨夜的温床
刚好容得下新的想象

在海风吹刮之下长大
你的心可以变得温软
身体是骄傲的灯笼
你是跳舞的木偶
唱歌剧的农民
你有鲜明的个性
但你并不辛辣
你是贫穷的孩子
但你并不寒酸

一窝浓浓的牛肉杂烩里
叫人开颜的片片清爽
你是顽皮的高音
从纠缠不清的植物关系里
展开自己以爽脆的笑容
黄色的辣椒
红色的辣椒
我会永远支持你
对抗平庸的口味

一九九八年十一月一日

사람의 얼굴

풋풋한 껍데기가 자아를 꽉 쥐고서
또 늘 상관없는 해후를 끌어들이네
감람이나 부채꽃으로 오인되기를 바라지 않으니
늘 자신의 맛을 분명하게 알리고 싶어 한다

껴안은 적도 있는 타박상은 검은 반점을 남기고
쟁반 속에서 여린 불에 푹 쪄지니
더 이상 피부가 느릿느릿 펴지는 것을 따지지 않고
속과 겉이 모두 풍파를 다 겪은 사람의 얼굴을 드러낸다

부드러워졌으면서도 또 여전히 여름날의 시고 떫음이
갖가지 요리를 감염시키기도 하고 또 감염되기도 하여
사라졌다가 다시 드러나 많은 사람의 식욕을 새로 돋우니
배불리 먹는 것 말고 참신한 시작을 다시 찾는다

1999년

人面

青涩的表皮紧抓住自我
又总招引不相干的邂逅
不愿被误当橄榄或山稔
老想说清楚自己的味道

拥抱过也碰伤留下黑斑
在盘中饱经文火的蒸熬
不再计较皮肤缓缓舒开
露出了核表沧桑的人面

柔和了又仍是夏日酸涩
感染千重菜肴还被感染
隐没了还翻新众人胃口
饱餍外再寻清新的开始

一九九九年

새로 빚은 막걸리

이제 막 새로운 변화를 겪어
미처 채 자신의 신분을 확정하지 못한 채
방울방울 걸러져
희미한 모습 드러내니
우유인가, 아니면 냉국인가?
얼굴 위에서 또 작디작은 뽀글뽀글 방울들
소용돌이 속에서 전생의 쌀알을 건져낸
아직 모습을 갖추지 못한 상태 속에는
수많은 가능성을 간직하고 있으니

밝고 고운 단풍이 될 수 있고
어엿한 은행이 될 수 있고
어둠침침한 지하도가 될 수 있고
치명적인 폭발물이 될 수 있고
겨울의 연가가 될 수 있고
목 놓아 부르는 슬픈 노래가 될 수 있고
벼랑에서 뛰는 자살이 될 수 있고
득도해 승천하게 될 수 있네

나이 먹은 사람이 술을 마시면
갖가지 맛으로 마신다네
한때 눈앞에 그렇게 많은 가능성이 있어
세상의 얼굴은 아직 그렇게 새로운데
젖빛 속에 감동적인 활꼴의 선으로 유동하고 있네
맑은 물 속에 그렇게 많은 파문이 일어나
술이 될지 아니면 식초가 될지 선택 할 수 있고
게다가 알쏭달쏭한 맛을 발산하는 좋은 술맛을 볼 수 있나니

2004년 6월 11일 저녁
서울에서 후지이(藤井), 야마구치(山口), 임(林) 교수와 함께 마시며

新滤酒

刚刚经历新的变化
还未肯定自己的身份
点滴滤下形成
淡白的形态
是牛乳还是冷汤呢?
脸上还有小小的泡泡
旋涡里捞出前生的大米
未形成的状态里有许多可能

变成鲜艳的红叶
变成体面的银杏
变成阴暗的地道
变成致命的爆炸
变成冬天的恋曲
变成悲情的高歌
变成跃崖的自毁
变成得道的升天

上了年纪的人在喝酒
喝出了许多味道
一度眼前有那么多可能
世界的脸孔还是那么清新
乳白里荡着动人的弧线
清澈的水里有那么多波纹
可以选择变酒还是变醋
且尝模棱的味道焕发的美浆

2004年6月11日晚在首尔与藤井、山口及林教授共饮

도중에

융모 같은 붉은 잎새 위에서
은처럼 하얀 달을 보니
공기가 점차 해맑게 차가워지고
큰 바위의 얼굴이 어두워진다
먼 산의 윤곽이 희미해지기 시작하면
난데없이 노란 등 한 개
잿빛 안개에 묻힌 바다의 만을 드러낸다
우리가 의지할 데 없는 산길에 있을 때

산중턱 통나무집 옆에 부서진 화분이 있고
널빤지와 콜타르가 온 땅에 흩어져 있다
이처럼 멀리 왔는데도 아직 정원을 볼 수 없고
단지 수풀이 움츠러든 것을 느낄 뿐
길옆의 노란 국화
누군가 또 가짜 해바라기라고 불러야 한다고 말한다
머리 위의 부드러운 꽃잎으로 뻗은 손에
때로는 거칠고 딱딱한 가지와 줄기가 만져진다

사물의 윤곽선이 더 이상 분명치 않아
한 모금 차가운 공기를 들이마시며
엷은 무색의 진창길을 얼마쯤 가니
뜯어온 풀잎이 비벼 부서져
건축물 토대 얼룩덜룩한 나무울타리 옆에 흩어져 떨어진다
몇몇 노인이 그곳에 쭈그리고 앉아 있고
붉은색 딱정벌레 한 마리
그들의 어두운 얼굴 위를 날아 지나간다

연은 벌써 떨어져 내렸다
우리를 떠나 지름길로 간 친구들
멀리 멀리 산봉우리로 사라져가고
그림자가 점점 에워싸며 다가왔다
풀 속에 뱀이 있는지도 몰라
지나온 병든 나무로 앞길을 판단하지 말지니
우리가 여전히 눈을 크게 뜨고 바라보아야 하리
앞에 우연히 새로운 잠자리 떼가 날아오른다

1974년 가을

半途

绒红的叶子上
看见银白的月亮
空气逐渐清冷
巨石的脸孔晦暗
远山的轮廓柔弱起来
忽然一盏黄灯
点破灰雾的海湾
我们在没有依傍的山路上

半山木屋旁有残破的花盆
木板和沥青散了一地
走了这么远还看不见园子
只感到树丛的瑟索
道旁的黄菊
有人说又唤作假向日葵
伸手向头上柔软的花瓣
有时触及粗硬的枝梗

事物的线条不再分明
吸一口寒冷的空气
走一段轻淡无色的泥路
采来的草叶揉碎
散落在建筑地盘斑斓的木栅旁
几个老人蹲在那里
一头红色甲虫
飞过他们沉下的脸

风筝都已落下
离开我们走捷径的友人
远远地在山头消失
影子逐渐围拢过来了
草中不知有没有蛇
不必用走过的病树来判断前路
我们依旧张大眼睛观看
前面偶然升起一群新的蜻蜓

1974年秋

돌솥비빔밥

갖가지 다양한 야채들
저마다의 아름다움과 오만과 독단을 갖고 있네
어떤 두 손이 초롱꽃을 흔들어 소리 내
그것을 목 위에서 빛나는 짧은 노래 꿰미로 거네
오이를 반달모양으로 썰어
반달을 참기름의 제단에 좀 바치고
부드럽게 상추에게 안마해주어
쓸쓸한 호궁의 선율을 내게 하네
겨울 버섯을 장고 열 개로 변화시켜
쓸쓸한 가을 갈대숲을 두드리게 하네
콩나물 자매가 잘 줄서다가 또 분쟁 속에서 흩어지고
긴 대나무 피리가 여명의 맑고 서늘함을 한데 모아
레드비트로 악기줄 사이의 비밀을 뒤집어 내게 해
모두의 얼굴을 붉게 물들이니
아름다움 아래 감추어진 슬픔 있네
이토록 많은 야채가 서로 뒤엉켜 노래하고 춤을 추니
뜨거운 돌솥 속에서 들쭉날쭉 뒤집혀서 모습을 갖추고
흰 밥을 뒤섞으니 알록달록 일곱 색깔 무지개가 만들어졌구나

石锅拌饭（Bibimbap）

许许多多的蔬菜
各有各的美丽和骄横
什么样的一双手摇响风铃草
把它挂成一串颈上炫耀的小调
把青瓜切成半个月亮
把月亮醮点麻油
温柔地给生菜按摩
让它发出胡弓的旋律
把冬菇变成十只长鼓
敲出秋天芦苇间的萧杀
芽菜姊妹排好又在动乱中拆散
长竹子笛合凑黎明的爽凉
让红菜头翻出弦间的秘密
把大家的脸庞染红
美丽地下有隐藏的悲凉
这么多的蔬菜交缠的歌舞
在炙热的石盘上错折成形
把白饭搅拌成斑驳的七彩

시어 주석

挂毯 guàtǎn	타피스트리(tapistry), 벽에 거는 장식 융단이나 직물
远道 yuǎndào	먼 길
跳脱 tiàotuō	튀다, 벗어나다, 떨치다
桥墩 qiáodūn	교각
偷望 tōuwàng	몰래 바라보다
想象 xiǎngxiàng	상상
人面 rénmiàn	사람의 얼굴, 상대방의 얼굴, 사람 얼굴 모양의 탈
青涩 qīngsè	덜 익다, 덜 여물다
山棯	도금양(桃金娘), 학명 Rhodomyrtus tomentosa
核表 hébiǎo	속과 겉
千重 qiānzhòng	갖가지, 겹겹이, 층층이
菜肴 càiyáo	요리, 반찬
饱餍 bǎoyàn	배불리 먹다
泡泡 pāopāo	뽀글뽀글, 퐁퐁, 콸콸
旋涡 xuánwō	소용돌이
体面 tǐmiàn	어엿하다, 떳떳하다, 체면, 체통
自毁 zìhuǐ	자폭, 스스로 파괴하다
弧线 húxiàn	활꼴의 선, 호선(활등처럼 곡선으로 굽은 반원형의 선)
摸棱 mōléng	알쏭달쏭하다, 애매하다, 분명하지 않다
晦暗 huì'àn	어둡다, 캄캄하다

海湾 hǎiwān　(바다의) 만

瑟索 sèsuō　(추위나 두려움으로) 움츠러들다

花瓣 huābàn　꽃잎

枝梗 zhīgěng　가지와 줄기

甲虫 jiǎchóng　딱정벌레, 갑충

骄横 jiāohèng　오만과 독단, 거만하고 횡포하다

风铃草 fēnglíngcǎo 초롱꽃, 풍령초

生菜 shēngcài　상추, 생채

醮 jiào　제단에 바치다, 옛날에 결혼할 때 술로 신에게 제사지내던 의식이나 승려나 도사가 제단을 만들어 놓고 기도하는 것을 말한다.

胡弓 húgōng　호궁

해설

량빙쥔의 필명은 '예쓰(也斯)'이다. 별 뜻이 없는 글자인 '예(也)'와 '쓰(斯)'를 결합하여 필명으로 삼은 것인데, 사람들이 사용하는 필명 자체에는 항상 특정한 뜻을 갖기 마련이어서 독자들이 그의 작품을 읽지 않았다고 해도 저자에 대해 어느 정도 느낌을 가질 수 있고, 그래서 그는 이러한 점을 돌파하고 싶어서 그 자체에 아무런 뜻을 갖지 않는 글자로 필명을 삼았고, 그래서 문언(文言) 글 속에서 흔히 접하게 되는 허사(虚词) 두 글자로 필명을 삼게 되었노라고 말했다고 한다. 또 다른 어떤 이들은 예쓰의 부친의 함자에 '쓰'자가 있으니, 그의 아들이 바로 '예쓰'가 아니겠냐고 말하기도 한다. 그러나 이는 소설과 수필을 쓸 때의 필명이고, 시를 쓸 때는 그대로 량빙쥔이라는 본명을 그대로 쓴다.

그는 대륙에서 태어났지만 홍콩에서 성장하고 미국에서 공부했고, '홍콩'이라는 특수한 문화 울타리 안에서 시인이자 수필가이고, 학자이면서 소설가로 일생을 보냈다. 그에게는 대륙적('중국적'이라는 의미로 읽어도 무방하다)인 것, 홍콩적인 것, 현대적인 것, 이국적인 것들이 모두 혼재되어 있다. 특히 음식과 문화를 소재로 다수의 시와 수필을 썼고, '음식'과 '문화' 관련 문화예술 행사에 꾸준히 참가했다. 1998년의 영역본 영상집 《음식 풍경(Food scape)》(《食事地域志》), 2000년의 신시집 《사물(东西)》(음식과 관련한 시 14수를 포함해 수록)을 출판했고, 2002년에 류샤오캉(刘小康)이 기획 개최한 '아시아의 맛(亚洲的滋味)' 설치예술 전람회에 참가했고, 2003년에는 홍콩 외국기자클럽에서 개최한 '음식물과 도시(食物与城市)' 사진전에 참가했다. 2004년에 그는 리자성(李家升), 천민옌(陈敏彦)과 함께 홍콩문화박물관(香港文化博物馆)에서 공동 개최한 '홍콩의 음식과 시:

문자와 디자인의 만남(香港食境诗 : 文字图像装置)' 전람회에 참가했다. 이 전람회는 신시, 사진, 설치예술 등 다방면에서 문화-문학-예술-생활의 경계 허물기적 실험성을 보여준 행사였다. 2005년에 그는 또 홍콩 삼련서점(三联书店)에서 개최한 '도시, 인물, 맛집(都市、人物、食府)' 사진전에 참가했고, 2006년에 시집 《야채의 정치(蔬菜的政治)》를 홍콩 옥스퍼드대학 출판사에서 출판했다. 한국 음식에 대한 시도 몇 수 들어 있다. 2009년에 출판한 소설 《후식민 음식과 사랑》은 음식물과 사랑의 각도에서 희극과 부조리 수법으로 1997년('九七') 이후 사람들이 어떻게 생활 속의 갖가지 변화에 직면했는지를 그려냈다. 2013년에 그는 음식문화를 주제로 삼은 수필집 《살아가는 재미(人间滋味)》를 인민대학출판사(人民大学出版社)에서 출판했다. 그는 한국음식을 소재로 한 <새로 빚은 막걸리>,<돌솥 비빔밥> 등 시를 다수 창작하였고, 한국 여행 후 여러 편의 기행문도 남겼다.

쉬어가기

[‘홍콩(香港)’ 명칭의 유래]

‘香港’은 표준말(普通话)로 ‘샹강(Xiānggǎng)’이고, 현지 말로는 ‘홍콩(Hong Kong)’인데, 글자 그대로 바로 ‘향기로운 항구(芳香的海港)’이란 뜻이다. 이 아름다운 이름을 갖게 된 유래에 대해 대대로 다른 여러 가지 설이 있었지만, 일반적으로 믿을 만한 것은 바로 이 지역이 옛날에 향료를 운반하고 향료를 팔았던 항구였고, 그래서 ‘홍콩’이란 이름을 얻게 되었다는 것이다. 명대(明朝)에 홍콩과 광둥 둥관(东莞), 바오안(宝安), 선전(深圳) 일대에서 ‘관향(莞香)’을 많이 생산했다. 이 향료의 향기가 특이하여 사람들의 사랑을 많이 받게 되었고 멀리 저장(江浙)에까지 팔려나갔다. 당시에 향료 상인들은 일반적으로 모두 섬의 북쪽 기슭 스파이만(石排湾)에서 관향을 배에 실어 광저우나 저장 등지로 가져갔다. 그래서 사람들은 이 항구를 ‘홍콩’이라 부르게 되었고 ‘향료를 팔고 향료를 운반하는 항구(贩香运香之港)’라는 뜻에서 항구 주변 마을을 ‘홍콩마을(香港村)’이라 불렀다.

1841년 영국군이 섬 남쪽의 츠주(赤柱, Stanley)에 상륙한 뒤에, 천췬(陈群)이라 불리는 현지 주민이 길을 안내해 북상했고, 홍콩마을을 경유할 때, 영국군이 그 고장의 이름을 물었을 때, 천췬이 현지말로 ‘홍콩’이라 대답해주었다고 한다. 영국군이 즉시 천췬의 현지 말을 ‘Hong Kong’이라 적었고, 또 그것이 섬 전체를 가리키게 되었다. 1842년에 체결한 ‘난징조약(南京条约)’에서 섬 전체의 명칭으로 ‘홍콩’이 정식 확정된 것이다.

余光中

달빛이 밝구나
그대를 기다리네, 빗속에서
내가 죽을 때
향수
이백을 놀리며

月光光
等你，在雨中
当我死时
乡愁
戏李白

위광중

위광중(余光中, 1928-2917), 본적은 푸젠 융춘(永春)이고 난징에서 태어났다. 1947년에 진링대학(金陵大学) 외국어과에 입학했고, 같은 해 7월에 부모를 따라 홍콩으로 갔다가 1949년 5월에 타이완으로 갔다. 1951년 타이완대학 외국어과를 졸업하였다. 1953년에 탄쯔하오(覃子豪), 중딩원(钟鼎文), 샤징(夏菁), 덩위핑(邓禹平) 등과 함께 '푸른 별'시사("蓝星"诗社)를 창립했다. 1958년에 도미하여 랭귀지 스쿨에 들어갔고, 아이오와대학 예술석사 학위를 받았다. 타이완으로 들아온 후에 타이완사범대학 등에서 재직했다. 1974년에 홍콩으로 갔으며, 홍콩중문대학(香港中文大学)에서 교수로 재직했다. 1985년에 다시 타이완으로 돌아가 타이완 가오슝의 중산대학교 문학대학 학장을 역임했다. 시집에 《백옥여주(白玉苦瓜)》 등 13종이 있고, 산문집 7종, 또 평론 10여 종을 번역 소개했다. 2017년 12월 14일 병으로 타이완에서 임종했다.

달빛이 밝구나

빛이 밝구나, 달은 얼어붙은 비상
달은 비소 같고, 서리 같아
누구의 상처 위에 떨어졌을까?
달 공포증과 달 집착광
분출하는 계절, 달이 밝구나

유령의 해, 해의 유령
죽음의 별 얼굴 위 반사광의 투영
달 집착광과 달 공포증
고양이 바다 놓으며
창백한 고운 부인에 못 되게 놓고 있구나

해 아래서 밤은 죽음의 변경
몰래 꿈을 건너고 몰래 구름을 건너는구나
현대는 멀고 고대는 가까와
달 공포증과 달 집착광
해의 위조화폐에 두 옆얼굴을 주조했구나

바다가 먼 곳에서 회임하고, 오늘밤
검은 고양이가 기와 위에서 경서를 읽는구나
달 집착광과 달 공포증
창백한 고운 부인
큰 눈의 얼굴이 창 위에 붙었구나

나도 하룻밤 내내 바빴네 달빛을
손바닥에 받쳐 들고 병에 쏟아 붓고
화학적 성분을 분석하고
추억을 분석하고 슬픔을 분석하였지
달 공포증과 달 집착광, 달빛이 밝구나

月光光

月光光，月是冰过的砒霜
月如砒，月如霜
落在谁的伤口上？
恐月症和恋月狂
迸发的季节，月光光

幽灵的太阳，太阳的幽灵
死星脸上回光的反映
恋月狂和恐月症
祟着猫，祟着海
祟着苍白的美妇人

太阴下，夜是死亡的边境
偷渡梦，偷渡云
现代远，古代近
恐月症和恋月狂
太阳的赝币，铸两面侧像

海在远方怀孕，今夜
黑猫在瓦上诵经
恋月狂和恐月症
苍白的美妇人
大眼睛的脸，贴在窗上

我也忙了一整夜，把月光
掬在掌，注在瓶
分析化学的成分
分析回忆，分析悲伤
恐月症和恋月狂，月光光

그대를 기다리네, 빗속에서

그대를 기다리네, 빗속에서, 무지개를 만드는 빗속에서
매미소리 잦아들고 개구리소리 커지니
연못 가득 빨간 연꽃이 빨간 불꽃같네, 빗속에서

그대가 오든 안 오든 모두 같네, 느낌만
연꽃 송이마다 모두 그대인 듯
특히 황혼을 사이에 두고, 이러한 가랑비를 사이에 두고

영원, 찰나, 찰나, 영원
그대를 기다리네, 시간의 바깥에서
시간의 안쪽에서, 그대를 기다리네, 찰나에서, 영원에서

만약 그대의 손이 나의 손 안에 있다면, 이때
만약 그대의 맑은 향기
나의 콧구멍에 있으면, 나는 말할 수 있겠지, 어린 연인

그렇지, 이 한 손은 연을 따야 하네, 오궁에서
이 한 손은
계수나무 노를 저어야 하네, 목란의 배 안에서

별 하나 과학관의 번쩍 들린 높은 처마 아래 대달려있네
귀걸이인 양 매달려있네
스위스 시계가 벌써 7시가 되었다고 알려줄 때, 홀연히 그대가 걸어오네

비 내린 뒤의 빨간 연꽃을 좇아 나풀나풀 그대가 걸어오네
짧은 사(詞) 한 수처럼
사랑의 전고 속에서 그대가 걸어오네

강백석(姜白石)의 사 속에서 운치 있게 그대가 걸어오네

等你，在雨中

等你，在雨中，在造虹的雨中
蝉声沉落，蛙声升起
一池的红莲如红焰，在雨中

你来不来都一样，竟感觉
每朵莲都像你
尤其隔着黄昏，隔着这样的细雨

永恒，刹那，刹那，永恒
等你，在时间之外，
在时间之内，等你，在刹那，在永恒

如果你的手在我的手里，此刻
如果你的清芬
在我的鼻孔，我会说，小情人

诺，这只手应该采莲，在吴宫
这只手应该
摇一柄桂桨，在木兰舟中

一颗星悬在科学馆的飞檐
耳坠子一般的悬着
瑞士表说都七点了，忽然你走来

步雨后的红莲，翩翩，你走来
像一首小令
从一则爱情的典故里你走来

从姜白石的词里，有韵地，你走来

내가 죽을 때

내가 죽을 때, 나를 묻어주고, 창장과 황허
사이에 묻어주고, 내 머리는 베개 삼고, 백발로는 검은 흙을 덮어주오
중국, 가장 아름답고 가장 어머니다운 나라에서
내 거리낌 없이 잠들어 온 대륙을 재우리니
양쪽, 진혼곡이 창장과 황허에서 시작해
영원히 생동하는 두 관현악곡, 출렁대며 동쪽으로 흘러가는 걸 들어보오
이는 가장 자유롭고 가장 광활한 침대
마음 하나 만족스레 잠들게 하고, 만족스레 생각할 것이오
이전에, 중국의 어떤 젊은이가 일찍이
얼어붙은 미시간에서 서쪽을 향해 바라보며
검은 밤을 뚫고 중국의 여명을 보길 갈망하였소
17년 동안 중국을 보지 못한 눈으로
지도를 몹시 당하였소. 시후에서 타이후까지
자고새가 많은 충칭까지, 고향 가는 걸 대신하여

1966년 2월 24일, 캘러머주

当我死时

当我死时，葬我，在长江与黄河
之间，枕我的头颅，白发盖着黑土。
在中国，最美最母亲的国度，
我便坦然睡去，睡整张大陆，
听两侧，安魂曲起自长江，黄河
两管永生的音乐，滔滔，朝东。
这是最纵容最宽阔的床，
让一颗心满足地睡去，满足地想，
从前，一个中国的青年曾经，
在冰冻的密西根向西瞭望，
想望透黑夜看中国的黎明，
用十七年未餍中国的眼睛
饕餮地图，从西湖到太湖，
到多鹧鸪的重庆，代替回乡。

一九六六年二月廿四日卡拉马如

향수

어렸을 때
향수는 자그마한 우표 한 장
나는 이쪽에
어머니는 저쪽에

자란 뒤
향수는 좁다라한 배표 한 장
나는 이곳에
신부는 저곳에

나중에는
향수는 나지막한 무덤 하나
나는 밖에
어머니는 안에

지금은
향수는 얕디얕은 해협 하나
나는 여기에
대륙은 저기에.

1972년 1월 21일

乡愁

小时候
乡愁是一枚小小的邮票
我在这头
母亲在那头

长大后
乡愁是一张窄窄的船票
我在这头
新娘在那头

后来呵
乡愁是一方矮矮的坟墓
我在外头
母亲在里头

而现在
乡愁是一湾浅浅的海峡
我在这头
大陆在那头

1972年1月21日

이백을 놀리며

그대 일찍이 황허의 강물로 하늘에서 내려 오니
인산(陰山)이 흔들리고
룽먼(龙门)이 열렸소
지금 황허는 그대의 시 구절에서 나와
성난 파도와 호탕스런 웃음
만리 멀리 도도히 물결치며 바다로 흘러들고 있소
루산(庐山)을 뒤흔든 그 커다란 폭포
무에서 유를 내며
멈추지도 쉬지도 않소
하지만 그대가 기울인 작은 술 주전자는?
황허는 서쪽에서 오고 창장은 동쪽으로 가니
이밖에 5천년은 모두 이미 적막해져 버렸소
황허는 그대가 이미 실컷 떠들썩하게 만들었고
창장은 고향 아우인 쑤씨(蘇氏)네에게 양보하니
천하가 둘로 나뉘어 졌지만
모두 촉땅 사람에게 돌아갔소
그대는 룽먼(龙门)을 차지하고
그는 츠비(赤壁)를 호령했소

1980년

戏李白

你曾是黄河之水天上来
阴山动
龙门开
而今黄河反从你的句中来
惊涛与豪笑
万里涛涛入海
那轰动匡庐的大瀑布
无中生有
不止不休
可是你倾侧的小酒壶?
黄河西来，大江东去
此外五千年都已沉寂
有一条黄河，你已够热闹的了
大江，就让给苏家那乡弟吧
天下二分
都归了蜀人
你踞龙门
他领赤壁

一九八〇年

시어 주석

月光光 yuèguāngguāng　달빛이 밝다

恐月症 kǒngyuèzhèng　달 공포증

恋月狂 liànyuèkuáng　달 집착광, 달 상사병

迸发 bèngfā　폭발하다, 뿜어대다, 터져 나오다, 솟아 나오다

祟着 suìzhe　훼방 놓다, 방해하다, (정당하지 않은 행동을) 꾸미다

赝币 yànbì　위조화폐

永恒 yǒnghéng　영원, 영원히, 영원히 변치 않다

刹那 chànà　찰나, 순간, 짧은 시간

木兰 Mùlán　목란, 북조민가(北朝民歌)인《목란시(木兰诗)》(혹은 《목란사(木兰辞)》)의 주인공이다. 남장한 여자로 아버지를 대신하여 종군해 전쟁터를 12년 동안 누비며 뛰어난 전공을 세웠으나, 그가 여자인 줄을 몰랐다고 한다. 원래 시에는 그의 성(姓)이 나오지 않으나 후세에 '화무란(花木兰)'이라 전해졌고, 성은 주(朱), 웨이(魏), 런(任), 한(韩) 등 여러 설이 있다.《공작이 동쪽으로 날아가네(孔雀东南飞)》와 더불어 '악부의 쌍벽(乐府双璧)'이라 칭한다.

飞檐 fēiyán　날아오른 처마, 비첨, 비우

小令 xiǎolìng　소령, 일반적으로 58자 이내의 짧은 사(短词)를 말한다. 예를 들면《16자령(十六字令)》,《여몽령(如梦令)》 등인데, 사 속에 '令'이 들어있다고 해서 모두 소령인 것은 아니다.

姜白石 Jiǎng-Báishí 강백석, 강기(姜夔, 1154-1221), 자는 요장(尧章), 호 백석도인(白石道人)이다. 라오저우(饶州) 포양(鄱阳, 지금의 江西省 鄱阳县) 사람으로 남송(南宋) 시기의 문인이자 음악가이다.

头颅 tóulú 머리

国度 guódù 나라, 나라의 법률제도와 기구

滔滔 tāotāo (큰물이) 출렁이다, 도도하다

饕餮 tāotiè 게걸스럽다, 전설상의 흉악하고 탐식하는 야수

卡拉马如 Kǎlāmǎrú 캘러머주(Kalamazoo), 미국 미시간 주의 한 도시

乡愁 xiāngchóu 향수, 노스텔지어(nostalgia)

窄窄 zhǎizhǎi 좁디좁다

新娘 xīnniáng 신부, 새색시

浅浅 qiǎnqiǎn 얕디얕다, 깊지 않다, (색깔이) 옅다
浅浅 jiānjiān 졸졸, 물이 흐르는 소리

阴山 Yīnshān 인산, 인산산맥(Yin Mountains, Yin Shan)

龙门 lóngmén 벼슬길, 과거시험장의 문, 등용문, 출세의 길
룽먼, 룽먼산(龙门山), 즉 룽먼산맥은 쓰촨성(四川省) 쓰촨분지 서북쪽 가장자리에 위치한다.

匡庐 kuānglú (장시의) 루산(庐山), 은주(殷周) 시기에 광속(匡俗, kuāngsú) 형제 일곱이 이곳에 집을 짓고(结庐) 은거했다는 데서 유래했다.

大江 dàjiāng 창장(长江), 양쯔장(扬子江)

热闹 rènao 들썩거리다, 벅적벅적하다, 왁자지껄하다

蜀 Shǔ 촉, 쓰촨성(四川省)의 다른 이름, 삼국의 하나 촉(혹은 蜀汉, 221-263), 주대(周代)에 지금의 쓰촨성 청두(成都) 일대에 있었던 제후국

赤壁 Chìbì

츠비, 적벽

적벽대전(赤壁之战), 동한(东汉) 말기에 손권(孙权), 유비(刘备)의 연합군이 건안(建安) 30년(208)에 창장의 츠비(지금 후베이성 츠비시 서북쪽) 일대에서 조조(曹操)의 대군을 격파한 전쟁,

시 〈적벽〉, 당대 시인 두목(803-852)이 창작한 7언절구(七言绝句),

《적벽부(赤壁赋)》, 북송(北宋) 문인 소식(苏轼)이 지은 두 편의 부, 훗날 《전적벽부(前赤壁赋)》와 《후적벽부(后赤壁赋)》로 불리었고, 모두 중국 고전문학사의 천고절창으로 평가,

영화 〈赤壁〉, 2008, 2009년 우위썬(吴宇森, 1946-) 감독이 메가폰을 잡아 '적벽대전'을 소재로 제작.

해설

위광중의 시 가운데 대표작을 꼽으라면 단연 〈향수〉이다. 그의 〈향수〉는 타이완과 대륙에서 모두 '국민 시'로 사랑을 받았다고 말할 수 있다. 이 단편시 안에 깔끔한 시어로 공간적, 지리적, 시간적인 개념을 지닌 '향수'를 그려냈다. 비단 중국 사람이 아니라고 해도 누구든 〈향수〉를 읽고 옛날로 돌아가고 어린 시절로 돌아가 영혼의 안식처를 찾고, 또 고향과 집에 대한 그리움에 젖지 않을 수 없을 것이다.

〈내가 죽을 때〉는 1966년, 어느 추운 겨울밤에 쓴 것이다. 당시 시인은 미국 미시간주립대학 영문과의 초빙을 받아 도미해 그 학교에서 부교수로 재직했다. 멀리 떨어져 있는 조국, 죽어서라도 묻히고 싶은 조국에 대한 사랑과 그리움이 뼛속 깊이 사무치는 시어 속에서 그대로 드러난다.

1980년 4월 26일 위광중은 〈이백을 놀리며〉를 짓고, 다음날 또 〈이백을 찾아(寻李白)〉를 창작했다. 같은 해 5월 8일 그는 재차 〈이백을 그리며(念李白)〉를 써서, 독자에게 절로 두보(杜甫, 712-770)의 〈꿈에 이백을 보다 2수(梦李白二首)〉의 '한밤에 자주 그대를 꿈에서 보니 친한 정독에 그대의 마음을 보네(三夜频梦君, 情亲见君意)' 같은 구절을 떠올리게 한다. 위광중이 이백을 놀리고, 찾고, 그리워함은 그에 대한 찬미이자 숭배에서 비롯된 것이다. 제목에 '놀리며(戏)'라는 해학적인 글자가 들어있기는 하지만, "인산이 흔들리니/룽먼이 열렸소", "그대는 룽먼을 차지하고/그는 츠비를 호령했소" 같은 구절에서 동사 '흔들다(动)'과 '열다(开)', '차지하다(踞)'와 '호령하다(临)'의 활용이 절묘하며 대비되면서도 탄력성을 갖고 전체 시적 구조에 빈틈이 없음을 보여준다. 〈이백을 놀리며〉를 짓고 다음과 같은 부기(附记)를 첨부하였다.

이백의 〈임이여, 그 강을 건너지 마오(公无渡河)〉[1]에서 이렇게 노래했다. "황허는 서쪽에서 흘러와 쿤룬[2]을 지나, 만리를 포효하며 룽먼[3]에 부딪히네(黄河西来决昆仑, 咆哮万里触龙门)." 또 〈서악 운대[4]의 노래 단구자[5]를 보내며(西岳云台歌送丹丘子)〉에서 "서악의 험준함이 얼마나 장관인가! 황허가 실처럼 하늘가에서 오는구나. 황허가 만리 흘러 산에 부딪쳐 흔들리니 소용돌이는 바퀴 돌 듯 진나라 땅을 울리네(西岳峥嵘何壮哉！黄河如丝天际来。黄河万里触山动, 盘涡毂转秦地雷。)" 하고 말했다. '한 잔 드시게나(将进酒)'의 명구는 모르는 사람이 없을 것이다. 나는 시로 황허를 찬미한 것으로 태백(太白)이 단연 독보적이고, 사로 창장을 미화한 것으로는 소동파(苏东坡)가 앞사람을 능가했다고 생각한다. 그래서 굴원(屈原)과 두보를 제자리에 놓을 겨를이 없고, 곧바로 이백을 하백(河白, 황허를 관장하는 신) 삼아 존경하고, 또한 소식(苏轼, 즉 소동파)를 들어 강신(江神, 창장의 신)으로 삼았다. 사람들의 존경을 받는 이 두 시인이 또 모두 촉(蜀)땅 사람이다. 고증에 의하면 이백은 중앙아시아의 쑤이예청(碎叶城)에서 태어나 다섯 살 때에 아버지를 따라 중원에 들어갔고, 쓰촨(四川) 장여유(江油)의 칭롄향(青莲乡)에서 성장했다. 뒷날 시 속에서도 수차례 촉 사람임을 자처했다. 쓰촨은 물론 창장 유

---

1 임이여, 그 강을 건너지 마오(公无渡河), 악부(乐府)의 옛날 제목으로 또 공후인(箜篌引)이라고도 한다.

2 쿤룬(昆仑), 산의 이름으로 신장(新疆)과 티베트(西藏) 사이에 위치하며, 고대에는 황허가 쿤룬산에서 발원하다고 전해졌다.

3 룽먼(龙门), 즉 룽먼산(龙门山)으로 지금은 산시(陕西) 한청(韩城) 동북쪽 50리 떨어진 위치에 있고, 황허 줄기가 그곳을 지나간다.

4 서악 운대(西岳云台), 화산(华山) 운대봉(云台峰)이다.

5 단구자(丹丘子), 이백의 일생 동안의 친한 벗이었던 원단구(元丹丘)이다.

역에 속한다. 중국의 두 줄기 성스러운 강(圣水)을 모두 남쪽 사람에게 준 것이니 북쪽 지역 사람의 입장에서 말하면 좀 불공평한 것 같다. 앞으로 북쪽에서 위대한 시인이 나온다면, 힘찬 단어와 아름다운 구절(雄词丽句)로 황허를 담아갈지도 모를 일이다. 1980년 4월 26일에 쓰다.

쉬어가기

[오궁(吴宫)]

‘오궁(吴宫)’에 대해 살펴보면, 남조(南朝) 양(梁)의 강엄(江淹)의 〈별부(别赋)〉와 당(唐)의 유우석(刘禹锡)의 시 〈무릉에서 불을 보니(武陵观火)〉에서는 춘추시대(春秋时期) 오왕(吴王)의 궁전을 가리켰다. 이백(李白)의 시 〈진링봉황대에 올라(登金陵凤凰台)〉와 명(明)의 이몽양(李梦阳)의 시 〈강물에 배를 띄우고(浮江)〉에서는 삼국시기(三国时期) 오왕(吴主)의 궁전을 가리켰다. 만당(晚唐)의 시인 이상은(李商隐)의 7언절구(七言绝句) 가운데 〈오궁(吴宫)〉이 있다.

궁중 난간 깊이 드리우니 놀잇배 한가하고	龙槛沉沉水殿清，
궁문 굳게 닫히니 사람 소리 끊어지네.	禁门深掩断人声。
오왕의 잔치 끝나니 궁중 가득 취객들	吴王宴罢满宫醉，
날 저무니 물에 뜬 꽃이 성을 나가네.	日暮水漂花出城。

陈黎

동물자장가
가정의 여정
섬의 주변
포모사·1661
고양이와 거울

动物摇篮曲
家庭之旅
岛屿边缘
福尔摩沙·一六六一
猫对镜

천리

천리(陈黎, 1954-), 본명은 천잉원(膺文)이고, 타이완 화롄(花莲) 사람으로 타이완사범대학 영문과를 졸업했다. 시집《사당 앞(庙前)》(1975),《동물자장가(动物摇篮曲)》(1980),《어릿광대 베르나드 뷔페의 연가(小丑毕费的恋歌)》(圆神出版社, 1990),《가정의 여행(家庭之旅)》(麦田文学出版社, 1993), 현대 하이쿠 100수 시집《소우주(小宇宙)》,《도서의 가장자리(岛屿边缘)》(九歌出版社, 2003) 등과 수필집《사람의 사랑가(人间恋歌)》,《무지개의 목소리(彩虹的声音)》,《아리아(咏叹调)》,《몰래 엿보기 대장(偷窥大师)》, 음악비평해설집《영원한 딸기밭(永恒的草莓园)》 등이 있다. 이외에도《라틴아메리카현대시선(拉丁美洲现代诗选)》 등을 번역 출판했다. 중영대조(张芬龄 옮김) 시집《비밀편지: 영역 천리시선 1974-1995(亲密书：英译陈黎诗选1974-1995)》(Intimate Letters： Selected Poems of Chen Li)을 서림서점(书林书店)에서 출판했다. 국가문예상(国家文艺奖), 시보문학상 추천상(时报文学奖推荐奖), 서사시 으뜸상(叙事诗首奖), 신시 으뜸상(新诗首奖), 연합보문학상 신시 으뜸상(联合报文学奖新诗首奖), 량스추문학상 시번역상(梁实秋文学奖诗翻译奖) 등을 수상했다. 그는 뛰어난 타이완 중견세대 시인으로서 시풍의 다양성과 끊임없는 변화와 새로움을 모색한다. 또한 타이완에서 최초로 라틴아메리카의 시를 번역 소개하는데 힘썼다. 중국런민(人民)대학 주재 시인으로 초청받기도 했다.

동물자장가

시간에게 표범 같은 반점을 고정시키게 하자
지친 물새가 수면 위를 미끄러지듯 지나며 살짝 떨어뜨린 그
눈물방울은 시위를 벗어난 화살처럼 낙착점이 필요하다
이는 꽃밭 음악이 없는 꽃밭 희뿌연
코끼리가 무겁게 무겁게 그대 곁을 지나가며 단한 그대에게
벌집을 위해 꿀벌이 없는 벌집을 위해 망봐주길 청한다

나는 밤을 위해 옷이 없는 풀잎을 위해 이슬을 별 삼아 걷어들이려
한다하늘로 솟아올라 점차 문어귀보다 높아진 기린
젖을 물린 어미에게 그들의 새끼를 멀리 벗어나게 한다 마치
곱사등이 고양이도 마침내 그것의 등뼈를 푸석푸석하게 해 더 이상
추상적으로 사랑의 색깔 꿈의 높이를 고집하지 않는 것처럼 왜냐하면
이는 꽃밭 음악이 없는 음악의 꽃밭이기에

우둔한 나귀가 떠돌아다닐 때 그놈의 코 골이를 배우지 말아야 한다
시간에게 호흡을 멎게 해서 죽은 체 하는 곰처럼 조용히 드러누워
눈처럼 새하얀 꽃들이 그 속눈썹 나비들을 내려칠지니
나는 외양간을 위해 처마 없는 제비를 위해 문패를 닦으려 한다
희뿌연 코끼리가 무겁게 그대의 곁을 지나가며 말한 그대에게
끊어진 기둥을 위해 근심 없는 끊어진 기둥을 위해 틈새를 기워주길
청한다

이는 꽃밭 음악이 없는 꽃밭 빙빙 도는 매는
사냥개를 수색하면 안 되고 그대는 천사의 이마처럼 뛰어다니면 안 되니
그 넓이가 성루 쉰 개와 말 7백 마리가 가는 스레를 수용한다
어머니를 멀리 떠난 아이에게 그들의 어머니에게 되돌아가게 하니
마치 오래도록
묻혀버린 신화 종교가 다시금 발견되어 믿어지듯이
나는 과일나무를 위해 과일이 다 떨어진 과일나무를 위해 찬미하고
기도하려 한다

시간에게 표범 반점같이 고정시키게 하자
눈처럼 새하얀 꽃들이 그 속눈썹 나비들을 내려칠지니
달게 자는 사자 그들의 분노 놀라 작동하게 하지 마라
이는 꽃밭 음악이 없는 꽃밭 희뿌연
코끼리가 무겁게 무겁게 그대의 곁을 지나가껴 또한 그대에게
흙으로 빨리빨리 그것의 발자국을 잘 덮어주길 청한다

1977년 1월

动物摇篮曲

让时间固定如花豹的斑点
疲倦的水鸟滑过水面轻轻滴下它的
眼泪像一只离弦的箭需要落实
这是花园没有音乐的花园灰蒙蒙的
大象沉重沉重地走过你的身边并且请你
为蜂巢为没有蜜蜂的蜂巢守望

我将为夜为没有衣裳的草叶收拾露水当星星
升起天空逐渐高过门口的长颈鹿
让哺乳的母亲远离它们的孩子像一只
弓背的猫终于也疏松它的脊椎不再
抽象地坚持爱的颜色梦的高度因为
这是花园没有音乐音乐的花园

笨拙的驴游行时不要学它打鼾
让时间停住呼吸像装死的熊静静躺下
一些雪白的花扑打它的睫毛一些蝴蝶
我将为牛栏为没有屋檐的燕子擦拭门牌当
灰濛濛的大象沉重地走过你的身边并且请你
为断柱为没有忧伤的断柱织补缝隙

这是花园没有音乐的花园盘旋的鹰不要
搜索猎犬你不要奔跑像天使的额头
它的宽广包容五十座城堡七百匹马车
让远离母亲的孩子回到它们的母亲像久久
湮没的神话宗教重新被发觉信仰
我将为果树为落尽果实的果树赞美祈祷

让时间固定如花豹花豹的斑点
一些雪白的花扑打它的睫毛一些蝴蝶
熟睡的狮子它们的愤怒不要惊动
这是花园没有音乐的花园灰濛濛的
大象沉重沉重地走过你的身边并且请你
请泥土快快藏好它的足印

一九七七年一月

가정의 여정

하지만 그것은 절로 된 책 한 권
체제는 불합리하지만 또 아주 틀림없는 사서
사색패 위에 찍혔고 차용증 위에 찍혔으며
구속영장 위에 찍혔고 결혼증명서 위에 찍혔다

이 페이지는 시간에게 지명수배당한 나의 아버지
왜냐하면 그의 어머니는 민꽃게 한 마리로 바다에서 헤엄치고 모래
속에서 걸어갔기 때문이다
그래서 그의 아우들은 이름이 모두 물이다
그녀의 남편이 배송바구니를 타고 산 위에서 내려와
산의 정력과 불의 난폭함을 갖고서 그녀를 누르고 그녀를 때리고
그녀를 이겼기에
술에 취한 한밤중에 그녀로 하여금 아이를 안은 채로 몸 위의 상처를
씻게 하였다
하지만 그는 자신의 이름 속에 그의 아버지와 같은 불을 증오했다 그가
그의 쌍둥이 동생 하나를 요절하게 하고 하나는 불구로 만든
폐렴과 궤양을 한스러워 하듯이

이 페이지는 병을 감추고 치료를 꺼리는 가족병의 역사——
불임의 시고모, 실종된 외할아버지
20년 동안 같이 살고 나서 비로소 친아버지가 내 할아버지의 나의
외삼촌이라는 것을 알았고
나의 넷째숙부에게 시집가 지능이 모자라는 아이 셋을 낳은 나의
숙모이자 이종사촌누이
낳고 기르는 것만 알고 양육과 교육을 모르는 나의 할아버지……

이 페이지는 알기 어려운 글자, 없어진 글자 검자표——
물에 빠진 큰아버지, 자폐적인 당숙
젊은 시절에 사랑의 도피를 위해 가출하고 늙어서 머리 깎고
비구니가 된 나의 고모

이 페이지는 주음부호 검자표——
공부하다—몇 년 동안 공부해 횡령하며 공직을 더럽힌 내 아버지
마약—거의 평생 동안 노름하고 마약을 먹고 마약을 판 나의 아버지

그것들이 나의 트렁크 속에서 여행한다
한 차례 또 한 차례 문자판을 뒤엎고 다시금 배열해
나의 형제가 되고 내가 된다

헛되어져 버린 것들은 어머니들의 눈물
사랑, 수심, 침묵의 포옹
조급한 불을 포옹하고
다시금 되돌아온 물결을 포옹하며
시간의 모래밭에서 한 번 또 한 번 읽는다
넘길수록 더욱 텅 비어지는 바다의 책장을

1990년 6월

家庭之旅

而它自然是一本书
一本体例乖谬，却又千真万确的辞书
印在四色牌上，印在借据上
印在拘票上，印在结婚证书上

这一页是被时间通缉的我的父亲
因为他的母亲是一只蟳，在海中游，在沙中走
所以他的弟弟们名字都是水
她的丈夫坐着流笼从山上下来，带着
山的精力与火的粗暴：压她、揍她、克她
在酒醉的夜半让她抱着孩子洗涤身上的伤痕
而他恨自己名字里跟他父亲一样的火，一如他恨
那使他孪生弟弟一个夭折、一个残废的
肺炎与烂疮

这一页是讳疾忌医的家族病历史——
不孕的姑婆，失踪的外公
同住了二十年才知道亲生父亲是我祖父的我的舅舅
嫁给我的四叔，生了三个智能不足孩子的我的婶婶兼表姨
只知道生育，不知道养育、教育的我的祖父……

这一页是难字、废字检字表——
溺水的伯父，自囚的堂叔
年轻时逃家私奔，年老时落发为尼的我的姑妈

这一页是注音符号检字表——
读：读了几年书，贪污渎职的我父亲
毒：赌了大半生，吸毒、贩毒的我的父亲

它们在我的行李箱里旅行
一次又一次地打翻字盘，重新排列
成为我地兄弟，成为我
那些空白的是母亲们的泪
爱情，忧伤，沉默的拥抱
拥抱焦急的火，拥抱
重新回来的浪
在时间的沙滩上，一遍又一遍地阅读
愈翻愈白的海的书页

一九九〇年六月

섬의 주변

축척 4천만분의 1 세계지도에서
우리의 섬은 온전하지 못한 노란 단추 하나
풀어져서 파란색의 제복 위에 떨어지고
나의 존재는 지금 거미줄보다 더욱 가는
투명한 선으로 바다로 향한 나의 창문을 뚫고
칼로 섬과 바다를 함께 꿰맸다

외로운 세월의 주변, 새로운 한 살과
낡은 한 살이 교대하는 틈새에서
마음은 거울에 비친 책 한 권처럼, 차갑게 얼며
시간의 물결이 됐다
그것을 뒤져서, 그대가 페이지마다 모호한
과거를 보면, 거울 속 문득 밝게 드러난다

또 다른 비밀의 단추 한 개——
투명한 녹음기처럼, 그대의 앞가슴에 붙어서
그대의 것과 인류의 기억을
겹쳐지게 녹음하고 방송한다
사랑과 미움, 꿈과 현실
고난과 기쁨이 혼합되어 있는 녹음테이프를

지금, 그대가 듣는 것은
세계의 소리
그대 자신의 것과 모든 죽은 자, 살아있는 자의
심장의 고동 만약 그대가 심혈을 기울여 부른다면
모든 죽은 자와 살아있는 자가 분명하게
그대와 이야기를 나눌 것이다

도서 주변에서 잠들고
다시 깨어나는 교차점에서
나의 손이 바늘처럼 나의 존재를 움켜쥐고
섬 위의 인민의 손에서 둥글게 갈리고 빛나게 갈린
노란 단추가, 힘껏 찔러 넣은
파란색 제복 뒤쪽 지구의 심장을 가로질렀다

1993년 1월

岛屿边缘

在缩尺一比四千万的世界地图上
我们的岛是一粒不完整的黄纽扣
松落在蓝色的制服上
我的存在如今是一缕比蛛丝还细的
透明的线，穿过面海的我的窗口
用力把岛屿和大海缝在一起

在孤寂的年月的边缘，新的一岁
和旧的一岁交替的缝隙
心思如一册镜书，冷冷地凝结住
时间的波纹
翻阅它，你看到一页页模糊的
过去，在镜面明亮地闪现

另一粒秘密的扣子——
像隐形的录音机，贴在你的胸前
把你的和人类的记忆
重叠地收录、播放
混合着爱与恨，梦与真
苦难与喜悦的录音带

现在，你听到的是
世界的声音
你自己的和所有死者、生者的
心跳。如果你用心呼叫
所有的死者和生者将清楚地
和你说话

在岛屿边缘，在睡眠与
苏醒的交界
我的手握住如针的我的存在
穿过被岛上人民的手磨圆磨亮的
黄纽扣，用力刺入
蓝色制服后面地球的心脏

一九九三年一月

포모사 · 1661

저는 줄곧 우리가 소가죽 위에 산다고 여겼나이다
비록 하느님이 이미 저로 하여금 나의 피, 오줌
대변을, 이 토지와 함께 뒤섞이게 했다고 하지만
천 열다섯 필로 소가죽만한 땅을 바꿀까요?
원주민 사람들이 어찌 쇠가죽이
가닥가닥 잘라져서 무소부재의 하느님의
영처럼 전체 다위안섬을 전체
포르모사를 둘러칠 수 있다는 걸 알았으리오, 저는 사슴고기의
맛을 좋아하고 사카로즈, 바나나를 좋아하며
동인도회사가 네덜란드로 싣고 돌아가는 생사를 좋아하나이다
하느님의 영은 생사처럼 매끄럽고 거룩하게
날마다 소년학교에 가서 철자
서예, 기도와 교의문답을 배우는 무자류완(目加溜湾)과
다무장(大目降) 소년들을 밝게 비추어 주지요. 주여, 저는 그들이
하는 네덜란드어에는 담긴 사슴고기
맛(제가 설교하는 중에 자주 내뱉는 시디야말과 똑같은)이 있다는 말을
듣나이다
주여, 타리우에서 저는 기혼여자와
소녀 15명으로 하여금 주를 위해 기도드리고 또 사도 신조
십계와 식전식후의 기도를 드리게 할 수 있나이다 마더우에서

기혼의 젊은 남자와 미혼의 남자 72명으로 하여금
각종 기도를 하게 할 수 있고, 또 성교의 핵심교리를 이야기할 수
있고, 게다가 읽게 할 수 있나이다
또한 종교문답의 간절한 가르침과 설교를 빌려 처음으로
그 지식을 넓힐 수 있었나이다—— 아, 지식은 소가죽 한 장처럼
륙색에 접어넣을 수 있으니 로테르담에서
바타비아까지 여행하고 바타비아에서
이 아열대의 작은 섬이 펼쳐져서 된 우리 왕 폐하의 밭까지 여행할 수
있었나이다
하느님의 나라, 가닥가닥 잘라져 25과가 되어
동서남북이 1갑을 감돌아 나오고 3장리 5장리를 감돌아 나왔지요

러란저거리, 공칭소, 세무서와 극장
사이에서 우리는 그것이 깃발처럼 펄럭이며 아득히 멀리
푸뤄민시야시와 서로 미소 짓는 것을 보았어요. 아, 지식이
사람에게 즐거움을 가져다주니 훌륭한 음식, 풍부한
향료(나는 그들이 어떻게 네덜란드콩을 삶는지를 알기를 바라지요)와 똑같아요
홍귤은 귤보다 크고 살이 시고 껍질이 쓰지만, 그들은
여름철 물을 마실 때, 이것을 얻어 소금과 섞고, 꽈리를 빻아서 거기에 넣으면
그 맛에 규방의 즐거움보다 더한 것이 있다는 걸 모르지요. 주뤄산에서

저는 기혼의 젊은 여자 30명으로 하여금 각종 기도를 하게 할 스 있게 하고
또 중요한 항목을 간단하게 정리 시킬 수 있고, 신강에서는 기혼 남녀
102명에게 읽고 쓰게 할 수 있나이다(아, 나는 로마자로 써낸 그 토착어
성경들에서 어떤 유럽 생강으로 사슴 고기를 요리한 맛을 느꼈지요)
화푸란어 전도서, 시디야어 마태복음
문명과 원시의 혼인이 하느님의 영으로 하여금
포르모사의 살에 들어가게 했지요——　아니면 포르모사의
사슴 고기를 나의 위 나의 비장을 넣게 하여 저의 피오줌
대변이 되게 하고 저의 영이 되게 했겠지요. 저는 줄곧 우리가
소가죽 위에 산다고 여겼나이다. 비록 날이 둥근 도끼와 큰 칼을 든 채로
정크선 큰 돛단배를 타고 다가온 중국 군대라고 해도
또 다른 더욱 큰 소가죽으로
우리 위를 덮으려고 꾀했고요. 하느님은 이미 저로 하여금 저의 피
오줌, 대변을 자모처럼 원주민 사람들의 것과
함께 섞게 해서 이 토지에 찍게 했나이다
저는 그들이 이 새로운 병음
문자를 싸고 있는 소가죽이 가닥가닥 잘려서
한 페이지 한 페이지, 소리 색깔 모습 맛을 싣고
하느님의 영과 같이 넉넉한 사전으로 번역될 수 있다는 걸 알기를
원하나이다

福尔摩沙·一六六一

我一直以为我们是住在牛皮之上
虽然上帝已经让我把我的血，尿
大便，和这块土地混在一起
用十五匹布换牛皮大之地?
土人们岂知道牛皮可以被剪成
一条一条，像无所不在的上帝的
灵，把整个大员岛，把整个
福尔摩沙围起来。我喜欢鹿肉的
滋味，我喜欢蔗糖，香蕉，我喜欢
东印度公司运回何兰的生丝
上帝的灵像生丝，光滑，圣洁
照耀那些每日到少年学校学习拼字
书法，祈祷与教义问答的目加溜湾
与大目降少年。主啊，我听到他们
说的荷兰语有鹿肉的味道（一如我
在讲道中不时吐出的西底雅语）
主啊，在他里雾，我使已婚女子及
少女十五人能为主祷告并会使徒信条
十诫及餐前餐后之祈祷，在麻豆使
已婚年轻男子及未婚男子七十二人能

为各种祈祷，并会圣教要理，且阅读
亦藉宗教问答之恳切教授与说教，开始
增广其知识—— 啊，知识像一张牛皮
可以折叠起来放在旅行袋，从鹿特丹
旅行到巴达维亚，从巴达维亚旅行到
这亚热带的小岛翻开成为吾王陛下的田
上帝的国，一条一条剪成二十五戈
东西南北绕出一甲绕出三张犁五张犁

在热兰遮街，公秤所，税务所与戏院
之间，我看到它飘扬如一面旗，遥遥
与普罗岷西亚城相微笑。啊知识
带给人喜悦，一如好的饮食，繁富的
香料（我但愿他们知道怎么煮荷兰豆）
柑大于橘，肉酸皮苦，但他们不知道
夏月饮水，取此和盐，捣作酸浆入之
其滋味有甚于闺房之乐者。在诸罗山
我使已婚年轻女子三十人能为各种祈祷
并会简化要项，在新港，使已婚男女
一百零二人能阅读亦能书写（啊，我

感觉那些用罗马拼音写成的土著语圣经
有一种用欧罗巴姜料理鹿肉的美味）
华浦兰语传道书，西底雅语马太福音
文明与原始的婚媾，让上帝的灵入
福尔摩莎的肉—— 或者，让福尔摩莎的
鹿肉入我的胃入我的脾，成为我的血尿
大便，成为我的灵。我一直以为我们是
住在牛皮之上，虽然那些拿着钺斧大刀
乘着戎克船夹板船前来的中国军队
企图要用另一张更大的牛皮覆盖在
我们之上。上帝已经让我把我的血
尿，大便，像字母般，和土人们的
混在一起，印在这块土地
我但愿他们知道这张包着新的拼音
文字的牛皮可以剪成一条一条，翻成
一页一页，负载声音颜色形象气味
和上帝的灵一样宽阔的辞典

고양이와 거울

나의 고양이가 책상 위의 책 속에서 거울 속으로 뛰어 들어갔습니다
놈은 구아슈로 그린 고양이
20세기 첫 해에 어떤 규수의 손에 의해
어떤 창문에 대고 피리를 부는 미인의 발 옆에 있었지요
나는 책을 덮어서 제때에 도서관에 돌려주었지만
놈은 여전히 거울 속에 있고, 나의 벽 위에 있습니다

때로 나는 피리소리가 거울 속에서 흘러나와
월금과 차바퀴가 뒤섞인 소리를 듣습니다
그 주홍의 작은 입은 전에 너무 오래 불었기 때문에
립스틱이 떨어지지 않지요(나는 시간의 먼지가
그러한 선율들을 흐려버렸다고 짐작했고요) 나는 거울을 살며시 문질러,
몸을 웅크린 고양이가 하품을 하고, 몸을 일으키는 것을 보았습니다

놈은 여전히 그림 속에서 움직이고, 음악과
음악 사이에서 자고, 생각에 잠기며, 이따금
화면을 가로질러 옆방의 내 딸과
그녀의 학우들의 대화를 몰래 듣습니다. 그놈은 심지어
그녀들이 거울을 들고 서로 비추고, 화장품의
상표, 스틱 차와 오토매틱의 우열을 토론하는 것을 보기도 합니다

놈은 필시 그녀들의 손 위의 거울 속에서
자신을 힐끗 볼 것입니다. 게으르지만, 여전히
젊고, 내 서재 한 쪽 구석 벽 위의
거울 속에 살며, 거울 바깥의 책상 앞에 앉아서
독서하고 글씨를 쓰는 나를 얼핏 보다가, 또 무엇엔가 호기심을 보일
때, 나는 다시 책 한 권, 종이 한 장을 펼쳐 놓아

놈을 책상 위로 뛰어올라 되돌아가게 합니다

1997년 3월

猫对镜

我的猫从桌上的书中跃进镜里
它是一只用胶彩画成的猫
被二十世纪初年某位闺秀的手
在一位对窗吹笛的仕女脚旁
我把书阖上，按时还给图书馆
而它依旧在镜里，在我的墙上

有时我听见笛声从镜中流出
夹杂著月琴和车轮的声音
那朱红的小口未曾因久吹剥落
唇膏（我猜想时间的灰尘模糊了
那些旋律）我轻擦镜面，看到
蜷卧的猫打了个呵欠，站起身来

它依旧在画里活动，在音乐与
音乐间睡眠，沉思，偶而穿过
画面偷听隔壁房间我女儿与
她同学们的对话。它甚至看到
她们揽镜互照，讨论化妆品的
品牌，手排车与自排车的优劣

它一定在她们手上的镜子里
瞥见了自己，慵懒，然而依旧
年轻，寄住在我书房一角墙上的
镜里，瞥见镜子外面坐在桌前
阅读写字的我，并且好奇什麼
时候，我再摊开一本书，一张纸

让它跳回桌上
一九九七年三月

시어 주석

摇篮曲 yáolánqǔ 자장가

落实 luòshí 실행하다, 수행하다, 적절하다

灰蒙蒙 huīméngméng 희뿌옇다, 어슴푸레하다

衣裳 yīshang 옷, 의상

弓背 gōngbèi 곱사등이, 꼬부랑길

乖谬 guāimiù 불합리하다, 터무니없다

辞书 císhū 사서, 사전류 도서

四色牌 sìsèpái 사색패, 네 가지 색깔로 만든 장기패의 일종

洗涤 xǐdí 세척하다, 세탁하다, 씻다

难字 nánzì 알기 어려운 글자

废字 fèizì 없어진 글자, 폐기된 글자, 간체자에 대한 번체자

检字表 jiǎnzìbiǎo 검자표

边缘 biānyuán 주변, 가, 가장자리

缩尺 suōchǐ 축척, 축소비율

重叠 chóngdié 겹치다, 중첩하다

福尔摩沙 Fú'ěrmóshā 포르모사, '福尔摩莎'라고도 쓴다. 타이완의 다른 이름으로, 포르투갈어 'Formosa'의 음역이고, '아름답다(美丽)'는 뜻이다. 15세기에 '대항해 시대'가 시작되었고, 포르투갈이 새로운 항로를 개척하면서 세계 각지에 '포르모사'라는 이름을 갖게 된 지역이 많았다.

无所不在 wúsuǒbúzài 없는 곳이 없다, 무소부재, 유비쿼터스(ubiquitous)

大员岛 Dàyuándǎo 다위안섬, 명나라 말기에 타이완을 이렇게 불렀다. 민난(闽南) 말에 '大'는 'tai'로 읽고, '员'은 'uan'으로 읽은 것이 와전(讹传)되어 타이완(台湾, Táiwān)이 되었다고 한다.
Tayouan의 음역, 지금의 안핑(安平) 일대

蔗糖 zhètáng 사카로즈(saccharose), 사탕수수 즙을 끓여 만든 사탕

东印度公司 Dōngyìndùgōngsī 동인도회사(East India Company), 17세기 초 네덜란드, 프랑스, 영국 등이 동양과의 무역 활동에 대한 독점적 지위를 부여받아 아시아 몇몇 나라에 설립한 회사이다.

目加溜湾 Mùjiāliūwān 무자류완(Backlanan), 지금의 타이난현(台南县) 안딩향(安定乡)

大目降 Dàmùjiàng 다무장, 지명

西底雅 Xīdǐyǎ 시디야, 시라야(西拉雅), 지명

他里雾 Tālǐwù 타리우(Dhaliboo), 지금의 더우난진(斗南镇) 주서리(旧社里)

麻豆 Mádòu 마더우(Mataus), 지금의 마더우

折叠 zhédié 접다, 개다, 개키다

鹿特丹 Lùtèdān 로테르담(Rotterdam), 네덜란드의 제2 도시

巴达维亚 Bādáwéiyà 바타비아(Batavia)
바타비아 공화국(Bataafse Republiek, 1795 ~ 1806)은 네덜란드의 옛 나라,
인도네시아(Republic of Indonesia)의 수도 자카르타(Jakarta, 雅加达)의 옛 이름,
남아메리카 수리남(Suriname, 苏里南)의 도시

二十五戈 gē 25과, 1과=2자(尺)5치(寸)

一甲 jiǎ 1갑, 1갑=25과

三张犁 zhānglí 3장리, 5갑=1장리

热兰蔗街 Rèlánzhèjiē 러란저거리

公秤所 Gōngchèngsuǒ 공청소(교역소의 일종)

普罗岷西亚城 Pǔluómínxīyàchéng 푸뤄민시야시, 지명

荷兰豆 hélándòu 네덜란드콩, 이 콩을 최초에 재배한 지역은 태국과 비얀마 국경지대일 것으로 추정하고, 원산지가 네덜란드는 아닌데 네덜란드 사람들이 중국에 들여와서 '네덜란드콩'으로 불리게 된 완두콩의 일종이다.

诸罗山 Zhūluóshān 주뤄산(Tilaossen), 지금의 자이시(嘉义市)

新港 Xīngǎng 신강(Sinckan), 지금의 타이난현(台南县) 신스향(新市乡)

罗马拼音 Luómǎ pīnyīn 로마자

土著语 tǔzhùyǔ 토착어

欧罗巴 Ōuluóbā 구라파, 유럽(Europe, 欧洲)

华浦兰 Huápǔlán 화푸란, 지명

钺斧 yuèfǔ 날이 둥근 도끼

戎克 róngkè 정크선(junk), 기원전 2세기 한나라 때부터 건조된 돛단배로 20세기 초까지 중국 연해나 하천에서 승객이나 화물을 실어나르는 데 사용했다.

夹板船 jiābǎnchuán 큰 돛단배, 대범선

胶彩 jiāocǎi 구아슈(gouache), 수채화용 물감에 고무를 섞은 물감

闺秀 guīxiù 규수

仕女 shìnǚ (미인도에 등장하는) 미인, 궁녀

月琴 yuèqín 월금, 비파와 비슷한 현악기

手排车 shǒupáichē 스틱 차

自排车 zìpáichē 오토매틱

瞥见 piējiàn 얼핏 보다, 힐끗 보다

慵懒 yōnglǎn 게으르다

해설

1993년에 천리는 〈섬의 주변〉이란 시를 썼다. 이 시는 뒷날 학술계에서 끊임없이 해석하고 연구하는 작품이 되었고, 또 어느 정도에서 천리의 시적 세계가 습작기를 지나 성숙기로 들어서는 상징적인 의미를 지닌 작품으로 불리게 되었다. 이 시에는 시인의 일종의 '지역화(혹은 현지화, localization)' 상상력을 담고 있고, 또 다른 면에서 은밀한 것을 담고 있다. 바로 인류의 경험과 기억에 대해 기록하는 것이다. 이 시 속의 "나의 존재(我的存在)"는 '거미줄보다 더욱 가는 투명한 선'이었고, '풀어져서 파란색 제복 위에 떨어진 노란 단추'이고, 마지막에 이 단추가 '힘껏 찔러 넣은 파란색 제복 뒤쪽 지구의 심장'으로 비유된다. 이러한 비유의 전환이 시 전체에 돌발적인 힘을 갖게 했다고 평가한다.

천리의 시에는 타이완 사람으로서 외부 세계에 대해 갖는 민감한 반응이 곳곳에 장치되어 있다. 그러나 단지 그것에만 머물러 있다면, 그다지 훌륭한 시라고 할 수 없을 것이다. 역시 천리가 여러 다양한 제재의 시 속에서 드러내는 사람의 삶에 대한 관심과 열정, 그리고 자신이 살고 있는 땅과 역사가 내는 소리에 대한 추궁, 일상의 자질구레한 일과 사물에 대해 보이는 따뜻한 시선과 정과 더불어 시를 경영하는 데 있어서 판에 박은 형식에 저항하며 예술과 상상의 세계를 녹여내는 재치와 독창성은 쉽게 얻어진 것이 아닐 것이다.

시인 위광중은 천리가 서양 시의 예술적 기교를 활용하여 타이완의 주제를 처리하는데 능숙하고, 영미시의 영향을 받았을 뿐 아니라 라틴 아메리카적인 것을 더욱 구사해 '거침 속의 세밀함, 속되지만 부드러움을 겸한(粗中有细、犷而兼柔)' 독특한 격조를 이루게 되었다고 평했다. 미국의 타이완 시 평론가 시미(奚

密)는 천리에 대해 '오늘날 중국어 시단에서 가장 독창성을 갖고 놀람과 기쁨을 선사하는 시인의 한 사람(当今中文诗界最能创新且令人惊喜的诗人之一)'이라 말하며, 또 "깊은 서정에서 사회 풍자까지, 그의 작품이 한편으로 타이완의 변화를 주도한 역사적 변천을 증명했고, 또 다른 한편으로 시인 자신의 솟구치는 실험정신을 드러냈다. 친리의 시는 타이완 문화에 대한 정체성과 고통과 기쁨이 뒤섞인 탐색의 과정이다. 더욱 중요한 것은 그것이 개인과 정치, 예술지상의 아방가르드(Avant-gardism, 前卫主义)와 양심적 문학(良心文学)의 적절한 결합에 감동적인 실증(实证)을 제시했다"고 평가했다.

쉬어가기

['타이완(台湾)' 명칭의 유래]

타이완(台湾, Táiwān, ㄊㄞˊ ㄨㄢ)이라는 이름은 지금의 타이난(台南) 안핑(安平)에 거주하는 핑부족(平埔族) 원주민 시라야족(西拉雅族) '타이워완(台窝湾)'사의 사명(社名)에서 유래했고, '바다에 접한 땅(滨海之地)'이라는 뜻이라고 한다. 명대 만력연간(万历年间)에 정식으로 '台湾'이란 명칭을 사용했다.
춘추전국시기(春秋战国时期)에는 타이완을 '다오이(岛夷)'로, 진(秦) 시기에는 '잉저우(瀛州)'로, 삼국시기에는 '이저우(夷洲)'로, 수(隋)나라에서 원(元)나라 때까지는 '류추(流求)'라고 불렀다.

명대 중기 이후에는 타이완에 대한 민간의 호칭이 아주 많아서, 예를 들면 '지룽(鸡笼, 타이완 북부)', '베이강(北港, 타이완 남부 연해지역의 통칭)', '다위안(大员)', '타이위안(台员)', '타이워완(台窝湾, 지금의 타이난 안핑지역 부근)'이라 불렀고, 공식적으로는 '둥판(东番)'이라 불렀다. 정성공(郑成功, 1624년 8월 26일-1662년 6월 23일)이 '둥두(东都)'로 개칭했고, 뒤에 정경(郑经, 1642년 10월 25일-1681년 3월 17일, 정성공의 장자)이 '둥닝(东宁)'으로 바꾸었다. 청대(清朝)에 '타이완(台湾)'으로 정정하고, 또 타이완부(台湾府)를 설치하여, 푸젠성(福建省)이 관할하게 했다. 이로써 정식으로 '타이완'으로 정해진 것이다. 타이완은 물산이 풍부하여 '바오다오(宝岛, 보물섬)'이라 불리기도 했다.

포르투갈 사람이 타이완을 '아름다운 섬(美丽之岛)'이라는 뜻에서 '포르모사(Formosa)'라고 불렀고, 이것은 1950년대 이전의 타이완에 대한 구미 지역의 호칭이었다. 일본은 고대에 타이완을 '가오사(高砂), '가오사궈(高砂国)', '가오산궈(高山国)'로 불렀다.

洛夫

영혼의 강	灵河
연기의 밖	烟之外
눈 덮인 곳의 그네—서울에서 짓다 9	雪地秋千
변경에서 고향을 바라보며	边界望乡
달빛의 집	月光房子

뤄푸

뤄푸(洛夫, 1928-), 본명은 모윈루이(洛夫), 또 모뤄푸(莫洛夫)이고, 후난 헝양(衡阳) 사람이다. 1948년에 후난대학 외국어과에 입학했고, 이듬해에 타이완으로 가서 사립 단장대학(淡江大学) 영어과를 졸업했다. 1953년에 지셴(纪弦)과 함께《현대시(现代诗)》를 창간했고, 1954년에 야셴(痖弦), 장모(张默) 등과 함께 시 간행물《창세기(创世纪)》를 창간해 타이완의 모더니즘 시의 새로운 시대를 개척한 것은 물론 대륙 현대시의 발전에도 깊은 영향을 끼쳤다. 그는 후일 카나다 밴쿠버 이민을 가서 해외화문시단의 대표로 늘 인정받았다. 즉 그는 전위적인 작품을 실험하여 세계적으로 알려진 시인으로서 세계 중국어 시단의 거인이라 평가된다. 시집《석실의 죽음(石室之死亡)》,《마술의 노래(魔歌)》 등이 있고, 또《뤄푸 자선집(洛夫自选集)》,《뤄푸시론선집(洛夫诗论选集)》 등을 출판했다. 근년 다시 타이완으로 돌아와 활동하고 있다. 본《12시인 대표시선》의 맨 마지막에 뤄푸를 배치한 것은 편역을 시작할 때 일단 대륙, 홍콩, 타이완 이외의 해외화문시인으 대표로 간주했기 때문이다.

영혼의 강

내가 언제 오지 않겠다고 말했던가?
내가 또 봉황나무 위에 초롱 일곱 개를 매단 것이 아니니
그대 세 개, 나 세 개
또 다른 한 개는 낙엽을 쓰는 사람에게 남겨 주었네……

그대는 봉황나무와 나란히 서 있네, 나의 계단 앞에 나란히 서서
사람을 핍박하는 빛을 깜빡이니 나는 감히 바라보지 못하네
그대들 모두 태양의 하늘끝에서 와
보랏빛 포도, 파란 망고를 마시네
끝없는 푸른 하늘과
그리고 그대의 눈 속의 진한 술 한 잔을 마시네
그 길고긴 영혼의 강에서 흘러나온
바람이 불어와, 그대의 치마를 들어올리니 그대의 엷은 미소
그 조그마한 꿈의 사랑방에
내가 그대를 위해 계절 전체의 안개비를 거두어 담아두었네

1956년 6월

灵河

我几时说不来的？
我不又在凤凰木上悬着七盏灯笼
你三盏，我三盏
另一盏留给扫落叶的人……

你与凤凰木并立，并立于我的阶前
闪烁着逼人的光，我不敢仰望
你们都是来自太阳的天涯
饮葡萄的紫，芒果的青
饮蓝天的无尽
以及你眼中的一杯醇酒
流自那条长长的灵河
风吹过来，扬起你的裙，你的浅笑
在那小小的梦的暖阁
我为你收藏起整个季节的烟雨

1956年6月

연기의 밖

파도소리 속에서 그대의 이름을 부르나 그대의 이름은
이미 수많은 돛단배 밖에 있네

물결이 몰려왔다 몰려가네
왼쪽의 신발 자국이 이제 막 오후라면
오른쪽의 신발 자국은 이미 황혼이 되었네
6월은 원래 아주 감상적인 책 한 권
결말이 이토록 슬프도록 아름다운데
——지는 해가 서산에 떨어지고
나는 여전히 그대 눈 속에 나타나는 온통 순백색을 응시하네
나는 그대에게 어제에게 그 오후 전체를 아름답게 만든 구름에게
무릎을 꿇네
바다여, 왜 많은 등 가운데서
유독 그 실의에 빠진 등 한 개를 켜서 밝혔나

또 무엇을 붙잡을 수 있으랴?
예전에 눈(雪)이라 불린 그대의 눈동자
지금 어떤 사람이
연기라고 부르네

1956년 8월 10일

烟之外

在涛声中呼唤你的名字而你的名字
已在千帆之外

潮来潮去
左边的鞋印才下午
右边的鞋印已黄昏了
六月原是一本很感伤的书
结局如此之凄美
——落日西沉
我依然凝视
你眼中展示的一片纯白
我跪向你向昨日向那朵美了整个下午的云
海哟，为何在众灯之中
独点亮那一盏茫然

还能抓住什么呢？
你那曾被称为雪的眸子
现有人叫作
烟

1956年8月10日

눈 덮인 곳의 그네

——서울에서 짓다 9

우리가 높이 오르면
땅이 그걸 따라 둥둥 떠올라
45° 각도에서 멈춘다
손을 뻗으면 닿을 수 있는
사람을 죽고 싶게 하는 높이에서 멈춘다

우리가 떨어지면
땅이 그를 따라 물러난다
시속 30리에 놀라
머리를 돌렸다가 문득 어제 그네 위를 보니
눈 같이 차고 흰 어린 시절이
맞은편에서 정면으로 부딪혀 온다

아! 눈의 살냄새
그네 위 여동생의 살내음
만약 그네를 다시 더높이까지 오르게 한다면 필히 마음이 아파지리니
뜰 안에서 갈수록 더욱 빨라지는
엉겅퀴 같은 향수를 보게 되리라

허나 왼손 쪽에
지금까지 아직 전부 녹지는 않은 작은 강줄기
체온은 언제 올라갈까?
신라의 아침에 내린 눈
지금까지 아직 옷이 없어 발가벗고 있지만
또 물로 상승하기 전의 고집이 있다
45° 각도의 깎아지른 벼랑에서 뛰어내리는 건
천 길 깊은 차가운 연못에 떨어진 것 같지 않은지
눈, 근대사 한 권 같이 펼쳐지니
우리가 읽을수록 낯빛이 하얘지고
게다가 늘 차가움 속에서 갑자기 놀라 깬다

우리가 높이 오르면
머리를 숙여보아도 이미 땅 위의 발자국은 보이지 않네
놀라운 증조여, 놀라운 증조가 사람에게 홀연히
눈꽃이 목 안에 떨어지는 창망함을 일으키니
두 눈을 감고
연기처럼 사라진 비장함을 상상하게 한다

이와 같은 아름다움의 질서가 흔들리며 이루어지니
얼마나 엄숙한 아이들 놀이인가
만약 비극이라면 그 운율이 어찌 경쾌함을 좀 싫어하지 않겠는가
눈 덮인 곳의 그네
반쯤 매달린 중년

우리는 올라갔다가 또 내려오고
우리는 흔들리고 또 슬퍼한다
바람 속은 자유로우나 의지할 데 없고
전신이 얼음처럼 차가운 석양아래서
우리의 밧줄을 바짝 다잡은 손이
붉어졌다가 파래진다

1976년 12월 21일

雪地秋千

——汉城诗抄之九

我们飞扬
大地随之浮升
止于四十五度角
止于那种伸手便可触及
叫人想死的高度

我们降落
大地随之撤退
惊于三十里的时速
回首，乍见昨日秋千架上
冷白如雪的童年
迎面逼来

啊！雪的肤香
秋千架上妹妹的肤香
如再荡高一些，势将心痛
势将看到院子里渐行渐速的
蓟草般的乡愁

而左手边
那条至今犹未全部解冻的小河
体温何时上升？
新罗的早雪
至今犹无衣裳，赤裸
且有提升为水之前的执拗

从四十五度角的危岩跃下
是否有如坠入深及千寻的寒潭
雪，摊开如一部近代史
我们愈读脸色愈白
且常在冷中骤然惊醒

我们飞扬
低头已不见地面上的脚印
警兆呀警兆，令人顿生
雪花落在颈子里的那种仓皇
合起双眼
想象灰飞烟灭的悲壮

荡成如此美好之秩序在如此高度
何等严肃的儿戏
如说是悲剧其韵律岂不稍嫌轻快
雪地的秋千
半悬的中年

我们上升，而且降落
我们摆荡，而且哀伤
在风中，自由而无依
在遍体冰凉的夕阳中
我们抓紧绳索的手
由红而青

1976年12月21日

변경에서 고향을 바라보며

주저리주저리 말하면서 이야기를 하다 보니
우리는 뤄마저우에 이르렀다

마침 안개가 피어올라,
우리는 자욱한 가운데 말을 묶고 사방을 둘러본니
손바닥에 땀이 나기 시작한다
망원경 속에서 수십 배로 확대된 향수
바람 속에 흐트러진 머리카락처럼
가슴을 두근거리게 하는 정도로 거리를 조절할 즈음
먼 산이 정면에서 날아와
나를 쳐
심각한 내상을 입혔다

시름시름 병 들어 앓고 앓다가
산비탈 위에 시든 진달래들처럼 앓다가
겨우 꽃 한 송이 남겼나
그 '월경 금지'란 팻말 뒤편에 쭈그리고 앉아
피를 토한다. 이때
해오라기 한 마리 논에서 놀라
선전 너머 날아가다가

또 별안간 휙 돌아온다
이때, 자고새가 불로써 소리를 내니
연기를 내뿜는 그 울음소리
구구절절
타향 3월의 꽃샘추위를 뚫고
나는 두 눈이 빨개지도록, 핏줄이 튀어나오도록 살라지는데
그대가 오히려 외투의 옷깃을 세우며, 돌아보며 내게 묻는다
춥나요, 아니면
안 춥나요?

경칩 뒤는 춘분이니
청명 시절이 멀지 않으리
나는 뜻밖에 광둥 사투리를 알아들었다
빗물이 끝없이 넓은 대지를
푸른 색의 언어로 번역할 때
자! 푸텐(福田) 마을을 더 지나가면 바로 수이웨(水围)이 아닌가
고국의 흙, 손을 뻗으면 닿을 수 있지만
내가 붙잡은 것은 차가운 안개 한줌

1979년 6월 3일

边界望乡

说着说着
我们就到了落马洲

雾正升起，我们在茫然中勒马四顾
手掌开始生汗
望远镜中扩大数十倍的乡愁
乱如风中的散发
当距离调整到令人心跳的程度
一座远山迎面飞来
把我撞成了
严重的内伤

病了病了
病得像山坡上那丛凋残的杜鹃
只剩下唯一的一朵
蹲在那块“禁止越界”的告示牌后面
咯血。而这时
一只白鹭从水田中惊起
飞越深圳
又猛然折了回来

而这时，鹧鸪以火发音
那冒烟的啼声
一句句
穿透异地三月的春寒
我被烧得双目尽赤，血脉贲张
你却竖起外衣的领子，回头问我
冷，还是
不冷?

惊蛰之后是春分
清明时节该不远了
我居然也听懂了广东的乡音
当雨水把莽莽大地
译成青色的语言
喏！你说，福田村再过去就是水围
故国的泥土，伸手可及
但我抓回来的仍是一掌冷雾

1979年6月3日

달빛의 집

나는 웅크리네
그대의 따스한 등불 깊은 곳에
그것은 빛의 끌어당기는 힘
그것은 땅속열의 핵심
그것은 눈과
해의 임계점
그것은 대초원
나는 매가 그 위에서 빙빙 돌고 있네
그것은 죽음의 늪
우렛소리 대지에서 울려나니
그것은 또 그것을 바라보다 혼비백산한
만길 낭떠러지 아닌가?
실제로 그건
달빛으로 쌓아 지은 한 칸의 집
한 주전자
신선한 꽃으로 불을 붙이고
여름날 소나기로 삶아 끓인 짙은 차
또는
두툼하고 따뜻한 책 한 권
나를 기쁘게 받아들이고

나를 빨아들이네
나를 접어 검은 네모 칸에 넣은 꿈
마지막에 또 나를
텅 빈 종이 한 장으로 되돌리고
고개를 돌려 두루 살펴보나 다만
한 방 가득
불타기 쉬운 지나간 일만 보이구나

불이 붙자마자 나를 태워버리네

1986년 1월 3일

月光房子

我蜷伏
于你暖暖的灯火深处
那是光的引力
那是地热的核心
那是雪
和太阳的临界点
那是大草原
飞鹰盘旋其上
那是死之沼泽
雷声响自大地
那不也是望之魂飞魄散的
万仞悬崖？
实际上那是一间
用月光砌成的房子
一壶
以鲜花引火
以夏日骤雨烹煮的浓茶
或者是
一本厚实而温和的书
悦纳我

吸吮我
折我入一黑格子的梦
最后又将我
还原为一张空白的纸
回首环顾，只见
一屋子
易燃的旧事

一点火便把我烧了

1986年1月3日

시어 주석

灵河 línghé	영혼의 강
醇酒 chúnjiǔ	순주, 다른 것을 전혀 섞지 않은 술
浅笑 qiǎnxiào	미소, 미소 짓다
暖阁 nuǎngé	사랑방, 옛날, 난방 설비를 하여 몸을 녹일 수 있게 했던 큰 방에 딸린 작은 방, 몸을 덥히는 방, 옛날, 관청 따위에서 큰 탁자나 책상 등을 갖추어, 사건의 심문 또는 하급자와의 접견 등에 사용한 방
烟雨 yānyǔ	안개비
凄美 qīměi	슬프도록 아름답다, 슬프고 애처로우면서 아름답다, 어떤 사물이 사람 마음을 아프게 하지만 또 뛰어나게 아름답고 새로운 것을 가리킨다.
眸子 móuzǐ	눈동자, 눈
汉城 Hànchéng	서울, 2005년에 '首尔'로 바꾸었다.
蓟草 jìcǎo	엉겅퀴
新罗 Xīnluó	신라, 기원전 57년 시조 박혁거세(朴赫居世, ?-4)로부터 56대 경순왕(敬顺王, ?-979) 935년까지 992년 동안 존속하였다. 29대 태종 무열왕(武烈王, 603-661) 때 삼국을 통일하였다.
骤然 zhòurán	갑자기, 돌연히, 별안간
警兆 jǐngzhào	위험의 조짐, 위급한 상황이 폭발하기 전의 전조

落马洲 Luòmǎzhōu 뤄마저우(Lok Ma Chau),

관제소가 있는 중국대륙에 인접한 홍콩 철도역.

凋残 diāocán 시들다, 부서지다

深圳 Shēnzhèn 선전, 선전시

鹧鸪 zhègū 자고새

乡音 xiāngyīn (지방) 사투리, 시골 말투, 고향 말씨

莽莽 mǎngmǎng 끝없이 넓다, 우거지다, (풀이) 무성하다

福田村 Fútiáncūn 푸톈 마을,

푸톈(福田), 삼보(三宝)의 덕을 존경하는 것을 경전(敬田), 군부(君父)의 은해에 보답하는 것을 은전(恩田), 가난한 사람을 불쌍히 여기는 것을 비전(悲田)이라고 말하고, 이 세 가지를 일컫는 말로 더 없는 복을 받을 수 있다는 뜻이다.

水围 Shuǐwéi 수이웨이, 선전시(深圳市) 푸톈구(福田区)에 있다

蜷伏 quánfú 웅크리다, 움츠리다

地热 dìrè 땅속열, 지열

临界点 línjièdiǎn 임계점

盘旋 pánxuán 빙빙 돌다, 선회하다, 배회하다

沼泽 zhǎozé 늪, 소택, 습지

魂飞魄散 húnfēipòsàn 혼비백산하다

吸吮 xīshǔn 빨아들이다, 빨다, 축이다

环顾 huángù 두루 살펴보다

해설

뤄푸의 1999년의 시집《마술의 노래(魔歌)》는 타이완문학의 경전으로 손꼽힌다. 그는 2001년에 3천 행에 달하는 장편시《떠다니는 나무(漂木)》를 출판했는데, 노벨문학상 후보로도 거론되어 세계 중국어 시단을 흥분시켰다고 한다. 그의 '초현실주의(超现实主义)'적인 시적 기교는 거의 마술(魔幻)로 여겨지며, 그래서 시단에서 '시의 마술사(诗歌的魔术师)'라는 의미의 '스모(诗魔)'라고 불린다. 그는 또 상처로 노래하는 시인(用伤口唱歌的诗人)'이라고도 평한다.

〈변경에서 고향을 바라보다〉의 아래쪽에 뤄푸가 쓴 후기(后记)는 다음과 같다.

> 1979년 3월 중순에 초청에 응하여 홍콩을 방문했고, 16일 오전에 위광중(余光中) 형이 직접 운전을 해서 나를 태워 뤄마저우(落马洲) 변경을 참관했다. 당시에 옅은 안개가 깔려있었지만 망원경 속의 고국 산하를 희미하게 볼 수 있었다. 귓가에 마침 수십 년 동안 듣지 못했던 자고새 지저귀는 소리가 들렸다. 소리마다 사람 심금을 울리니 '고향이 가까워지니 마음이 뒤숭숭하다(近乡情怯)'란 것이 바로 내 당시의 심경이었으리라.

쉬어가기

1975년 11월 25일, 한국 펜클럽의 초청을 받아 뤄푸, 양링예(羊令野, 1923-1994), 장모(张默, 1930-), 신위(辛郁, 1933-), 추거(楚戈, 1932-2011), 뤄먼(罗门, 1928-2017), 상친(商禽, 1930-2010), 메이신(梅新, 1937-1997), 푸티(菩提), 팡신위(方心豫) 등 타이완 시인 10인이 서울을 이레 동안 방문하였다. 뤄푸 일행은 당시에 서울의 명승고적지와 강원도, 판문점 등을 돌아보았다. 뤄푸는 서울에서의 일정을 마치고 이어서 일본 도쿄를 사흘 동안 방문하고, 타이완에 돌아가 연작시 《서울에서 짓다(汉城诗抄)》 17수와 수필 〈눈제(雪祭)〉, 〈판문점 여행(板门店之旅)〉 등을 발표했다. 이 17수의 대부분은 '눈'과 관련이 있어서 '눈에 담긴 시적 정취(雪中诗意)'와 '눈에 담긴 고향 생각(雪中乡思)'을 표현한 것으로 평가한다. 뤄푸가 서울-도쿄를 방문하고, 훗날 타이완에서 '서울' 제재의 시를 써서 발표한 것(일본과 관련한 시는 짓지 않았다)에서 보면, 당시 서울 방문이 시인에게 특히 깊은 인상을 남긴 것이었음을 알 수 있다. 연작시 '서울에서 시를 짓다' 17수 가운데 〈아침에 비원을 거닐다(晨游秘苑)〉, 〈한밤에 배를 깎으며(午夜削梨)〉(1976년 12월 9일), 〈만약 산 저쪽에 눈이 내리면(如果山那边降雪)〉(1977년 5월 4일) 등이 있다. 뤄푸는 1979년 7월에 서울에서 개최한 제4차 세계시인대회 참석차 서울을 다시 방문했고, 이후에 시 〈눈이 한용운을 추모하네(雪祭韩龙云)〉를 지었다.
〈눈 덮인 곳의 그네〉의 아래쪽에 뤄푸가 쓴 후기는 다음과 같다.

> 1976년 11월 한국을 방문하는 기간 동안에, 29일 오후에 '민속촌'을 구경했다. 마을 안에 한국의 예로부터 지금까지의 역대 왕조의 건축물과 문물

들이 지어져 있어서 그 마을을 돌아다니는 것이 한국문화사 한 권을 읽는 것이나 마찬가지였다. 마을 안에 눈이 아주 두텁게 쌓여 있었고, 광장 마당에 그네 몇 개를 달아맸기에, 나는 어린애 같은 마음이 솟구쳐서 무조건 뛰어 올라탔고, 순식간에 '흔들리는 사람' 한 무리가 되었다.

중국 당대 12시인 대표 시선

초판 인쇄 2017년 8월 30일
초판 발행 2017년 8월 30일
지은이 박재우(朴宰雨)·배도임(裵桃任)
발행인 김인철
총괄·기획 가정준 Director, University Knowledge Press
편집장 신선호 Executive Knowledge Contents Creator
도서편집 박현정 Contents Creator
전자책편집 이리나 e-Contents Creator
재무관리 김은혜 Managing Creator
마케팅 파트장 백승이 Chief Marketing Creator
마케팅 박종원 Marketing Creator
발행처 한국외국어대학교 지식출판원
02450 서울특별시 동대문구 이문로 107
전화 02)2173-2493~7
팩스 02)2173-3363
홈페이지 http://press.hufs.ac.kr
전자우편 press@hufs.ac.kr
출판등록 제6-6호(1969. 4. 30)
디자인·편집 (주)피플커뮤니케이션 02)733-9008
인쇄·제본 (주)피플커뮤니케이션 02)733-9008

ISBN 979-11-5901-280-8 03820 정가 18,500원

*잘못된 책은 교환하여 드립니다.

HUEBOOKs는 한국외국어대학교 지식출판원의 인문학도서 Sub Brand이다. 한국외대의 영문명인 HUFS, 사람을 위하는 Humanism, 교육의 Education, 색조의 Hue의 다의적인 뜻으로 해석할 수 있으며, 인문학도서 출판에 대한 의지가 담겨있다.